고단한 삶을 자유롭게 하는

쿠션
Cushion

비전과 리더십

고단한 삶을 자유롭게 하는

쿠션

지은이 Ⅰ 조신영
펴낸이 Ⅰ 하용조
펴낸곳 Ⅰ 비전과리더십
등록번호 Ⅰ 03-01165호
주소 Ⅰ 140-240 서울시 용산구 서빙고동 95번지 두란노빌딩

편집부 Ⅰ 2078-3442 e-mail Ⅰ gracepark@duranno.com
영업부 Ⅰ 749-1059 FAX 080-749-3705
발행일 Ⅰ 초판 1쇄 2008. 7. 21
       66쇄 발행 Ⅰ 2022. 9. 22

ISBN 978-89-90984-45-6 03320
잘못된 책은 바꾸어 드립니다.
책값은 뒤표지에 있습니다.

비전과리더십 은 두란노서원의 경제·경영 브랜드입니다.

조신영 지음

고단한 삶을 자유롭게 하는

쿠션

Cushion

비전^과 리더십

마음의 쿠션 운동을 벌여보자

이어령 초대 문화부 장관

통찰력이 번뜩이는 책이다. 신이 인간에게 준 가장 큰 선물, 자유 의지의 가치와 그것을 잘 누리는 방법을 읽기 쉬운 스토리텔링으로 완성도 높게 표현하고 있다. 특히 이 책은 선택에서 가장 중요한 생각과 감정의 선택에 대해 주도면밀하게 다루고 있다.

자극과 반응 사이에 존재하는 공간을 인간의 몸이 닿는 모든 부분에 완충물질로 사용되는 쿠션에 비유한 것도 지혜로운 발상이다. 전 국민이 이 책으로 마음의 쿠션을 키우는 운동을 벌여보는 것도 신바람날 것 같다. 주인공 '바로'도 3, 40대 직장인이라면 누구나 공감할 수 있는 인물이다. 그를 통해 보이는 것보다 보이지 않는 것이 훨씬 더 가치 있음을 잘 나타내고 있다.

자신의 내면을 알고 마음의 쿠션을 키운 사람은 어떤 문제가 닥쳐도 그것에 휘둘리지 않고 자신을 그 문제에서 떼어놓는 능력이 생긴다. 또 그런 사람 주변에는 사람이 끊이지 않고 그 사람으로 인해 삶의 갈증을 해소하며 새 기운을 얻는다.

누구나 과거의 아픔이나 미완성된 자아가 있을 것이다. 가시 덤불 같은 고단한 삶에서 벗어나 진정한 자유를 누리려면 생각의 선택을 올바로 해야 한다. 이 책이 인생의 운전대를 올바르게 돌리도록 현명하게 인도해 줄 것이다.

마음의 비를 그치게 하는 책

이무석 정신분석가, 전남의대 정신과 교수, 『30년만의 휴식』 저자

조신영 선생이 쓴 『쿠션』은 참 재미있다. 스토리의 반전이 영화 '미션 임파서블'을 보는 것 같다.

바로라는 주인공은 마치 맨살이 노출되어 상처 난 사람 같다. 그는 매사에 화를 잘 낸다. 억울함을 많이 느끼는 불행한 사람이다. 그랬던 그가 자신을 보호하는 쿠션을 키운 후 마음이 편해졌다. 주인공 바로 씨는 할아버지에게서 인생의 성공 비결을 배웠다. 그 비결은 감정과 생각을 선택하는 자유를 얻은 것이었다. 이것이 정신적 평안의 열쇠다.

『쿠션』을 읽으면서 나는 빅터 프랭클의 의미요법을 생각했다. 인간은 절망도 선택할 수 있고 희망도 선택할 수 있다. 선택

하는 자유의지를 활용하는 존재이기 때문이다. 절망을 선택하면 절망감에 빠진다. 그러나 희망을 선택하는 인간은 자유를 누린다.

정신분석가인 나는 바로 씨 같은 분들을 자주 만난다.

"나는 왜 이렇게 되는 일이 없을까요? 남들은 잘도 사는데 나는 늘 억울하기만 해요."

"나는 너무 쉽게 자존심이 상해요."

"내 감정의 톤은 항상 우울해요. 마음에는 시도 때도 없이 비가 내려요."

이런 분들에게 『쿠션』을 권하고 싶다. 재미있게 읽다 보면 나를 발견하고 문제의 답을 얻을 수 있을 것이다.

contents

마음의 우물

맑고 싱그러운 아침이었다. 뒷동산 작은 숲에서 울려 퍼지는 새들의 지저귐이 경쾌했고, 영롱한 첫 햇살이 거실에 살며시 스미기 시작했다. 오늘도 어김없이 일찍 일어난 한바로는 거울 앞에 서서 깔끔하게 줄이 잡힌 새하얀 와이셔츠에 금빛 커프스 버튼을 끼우고 있었다. 한 손으로 PDA를 켜자 경쾌한 소리를 내며 모니터에 선명한 일정표가 떠올랐다.

'30분 안에 출발하면 충분히 도착할 수 있겠어.'

그는 잠시 거울 속에 비친 자신의 모습을 보았다. 품격 있고 산뜻했다. 마음 깊은 곳으로부터 자신감과 평화로움이 피어올랐다. 애송하는 시가 떠올랐다.

어떤 돌도 꽃처럼 물 위에 뜰 수 없다.

하지만 만일

그대가 배를 갖고 있다면

그 배는 수십 킬로그램의 돌을 실어도

물 위에 뜰 것이다.

깨어 있는 마음이란

감싸 안고, 실어 나르고, 변화시킬 수 있는 배다.

우리 안에 있는 고통과 슬픔, 어려움에 대해

너무 걱정하지 말라.

우리가 배를 가지고 있다면 고통이 우리 안에 있어도

우리는 여전히 행복하게 살아갈 수 있다.

바로는 TV에 나와 쇼맨십을 발휘하는 강연자들과는 품격이 달랐다. 사람들은 그가 억지로 웃기려 하지 않아도 그의 밝은 표정만으로 근심이 사라지는 경험을 했다. 그의 눈빛에는 고결함이 흘렀고, 어조는 확신에 차 있었다. 강연이 시작되자마자 방청객과 시청자들은 이내 빠져들기 시작했다.

"우물이 얼마나 깊은지는 돌멩이 하나를 던져 보면 압니다. 돌이 물에 닿는 데 걸리는 시간과 그때 들리는 소리를 통해서 우물의 깊이와 양을 알 수 있는 것입니다."

TV로 생방송된 한바로의 강연은 예고편이 나갈 때부터 심상치 않은 반응이 있었다. 여느 방송 강연과는 달리 그가 출연한 아침에는 밀려드는 방청객들 때문에 담당 AD가 곤혹을 치렀다. 방청 인원이 초과되었지만 아무도 돌아가려 하지 않는 바람에 어쩔 수 없이 별도의 빈 강당을 마련해 방청객들을 달래야 했다.

"내 마음의 깊이는 다른 사람이 던지는 말을 통해 알 수 있습니다. 내 마음이 깊으면 그 말이 들어오는 데 시간이 오래 걸립니다. 그리고 깊은 울림과 여운이 있습니다. 누군가의 말 한마디에 흥분하고 흔들린다면 아직도 내 마음이 얕기 때문입니다. 깊고 풍성한 마음의 우물은 사람들을 모으고 갈증을 해소시키며 새 기운을 얻게 합니다. 다른 사람들이 생각 없이 던지는 상처를 주는 말이나 비난, 경멸의 말에 우리 마음의 우물은 어떻게 반응하고 있는 것일까요? 내 마음의 우물은 얼마나 깊고 넓을까요?"

강연이 점점 열기를 띠어 갔다. 같은 시각 바로의 아내 선영은 TV를 켤까 말까 10분이 넘도록 망설이다가 결국 리모컨을 내려놓았다. 차라리 그를 위해 기도하는 편이 더 좋겠다는 마음이 들었다.

서재 문을 열자 컴컴한 방에서 수많은 책들과 서류들이 뿜어내는 독특한 향취가 물씬 풍겨 나왔다. 선영은 스탠드 램프의 불을 켰다. 서재가 은은한 불빛으로 밝아졌다. 바로는 책을 쓰거나 강연을 위한 자료를 정리할 때, 항상 모니터가 세 개씩이나 되는 컴퓨터를 사용했다. 가볍게 숨을 내쉰 후 그녀는 의자에 앉았다. 고요한 서재 안에 뽀드득거리는 마찰음과 의자의 삐걱거리는 소리가 울려 퍼졌다.

세 개의 모니터 중 맨 오른쪽 모니터에 노란 포스트잇 하나가 붙어 있는 것이 눈에 들어왔다.

물끄러미 메모를 바라보던 그녀는 눈을 감고 바로를 위해 기도하기 시작했다.

아무도 논쟁이나 감정적 호소를
통해서 다른 사람을 변화시킬 수 없다.
변화의 문은 오직 내면에서만
열 수 있는 구조로 되어 있기 때문이다.

_M. 퍼거슨

뜨거운 박수와 함께 1부 강연이 끝났다. 메인 조명의 톤이 살짝 흐려졌고, MC가 활짝 웃으며 다가와 엄지손가락을 치켜세웠다. 이제 상업광고와 스팟뉴스를 내보내는 10분 동안의 휴식 시간이다. 바로는 깊은 안도의 한숨을 내쉬었다. 메이크업 담당이 달려와 바로의 얼굴에 묻은 땀방울을 찍어 낸 후 파우더를 톡톡 두드려 주었고, 음향 담당은 허리에 부착한 무선 마이크를 점검했다. 뿌듯한 행복감이 밀려왔다.

할아버지의 유언장

"내가 오늘 너희들에게 값진 유산을 하나 남기고 싶다. 재물을 기대했었느냐?
그렇다. 나에게는 꽤 많은 재산이 있다. 하지만, 나는 너희들이 재물을
다룰 수 있는 인물인지를 확인하기 전에는 넘겨줄 마음이 없다.
더 중요한 것을 너희에게 주고 싶다."

영원 같았던 20초

　방청객들은 즐거운 표정으로 웅성거리며 방송 시작을 기다렸다. 테이블에 놓인 생수를 한 모금 마신 바로는 자신의 삶을 놀랍게 뒤바꾸어 놓은 그 사건들에 대해 생각했다. 2부 강연은 주로 그 이야기들로 시작할 것이기 때문이었다. 바로는 눈을 감은 채 빠르게 기억을 더듬었다. 3년 전의 사건들이 마치 어제 일처럼 생생하게 떠올랐다.

　3년 전 겨울 어느 저녁, 9시가 다 됐는데도 올림픽대로의 정체는 풀릴 줄 몰랐다. 바로의 낡은 승용차는 아셈타워의 사무실에서 8시 무렵 출발해 아직도 반포대교 근처에서 가다 서다를 반복할 뿐이었다.

'제길. 오늘 밤 같은 지독한 정체는 처음이야……'

바로는 핸들을 잡고 있는 양손의 집게손가락을 신경질적으로 반복해 두드리기 시작했다. 머릿속이 점점 더 복잡해져 터질 듯했다. 몇 차례 머리를 흔들면서 생각들을 쫓아내려 애썼지만, 그럴수록 더 또렷하게 오전에 있었던 사건이 떠올랐다.

기업체 강의 경력 8년 차인 바로에게 그런 실수는 상상할 수도 없는 일이었다. D그룹의 초급간부 교육 현장에서 있었던 일이다. 경기도 이천에 있는 그 연수원은 18홀 골프장을 끼고 자리해 있었다. 강의실 밖의 눈부신 그린은 이곳 연수원에 올 때마다 그의 지친 심신을 달래 주곤 했지만 오늘은 예외였다.

며칠째 오전 세 개의 세션을 바로가 맡아 강의하게 되어 있었다. 원래는 한 개의 세션이 배당되었지만 동료 한 사람이 갑작스레 휴가를 내는 바람에 혼자 두 사람 몫을 감당할 수밖에 없었다. 이날도 처음 두 세션은 썩 만족스럽게 잘 마무리 지었다. 하지만 세 번째 세션이 문제였다.

지쳤던 탓일까? 강의 중반에 갑자기 머리가 텅 빈 느낌이 들면서, 혀가 뻣뻣하게 굳어져 버리는 괴이한 순간을 맞았던 것이다. 불과 15초? 20초쯤 되었을까? 수강생들에게는 그리 긴 시간이 아니었을지도 모른다. 하지만, 바로에게는 그 순간이 마치 영원처럼 느껴졌다. 등에는 식은땀이 흘렀고 심장은 요동쳤다. 맨 뒤에 앉아 강의를 모니터링 하던 연수 담당자의 얼굴이 어두 워지는 것이 눈에 들어왔다.

온몸의 힘을 다해 정신을 추스른 바로는 화이트보드에 5분 간 휴식이라는 다섯 글자를 겨우 쓰고 나서야 화장실로 달려갈 수 있었다.

"혹시 무슨 이상이라도 있으신 거예요?"

중년 여성인 연수원 세션 담당자가 복도 끝으로 다가와 말을 걸었다. 아직까지 혀가 풀리지 않은 바로는 어쩔 줄을 몰랐다. 창백한 얼굴로 다시 강의실 앞 로비까지 왔지만 나머지 강의를 도저히 진행할 수가 없을 것 같았다. 핸드폰을 열어 문자로 담 당자에게 자신의 상태를 알렸다.

그녀는 곤혹스러운 표정을 짓더니 고개를 끄덕거렸다. 강의 실로 들어가 메모리 칩과 강의용 리모컨을 주섬주섬 챙겨든 바 로는 휘청거리는 걸음으로 주차장까지 걸어갔다. 차에 오르자 마자 다시 입 안에서 혀를 이리저리 움직이며 소리를 내보려고 안간힘을 썼다. 한 5분 정도 지났을까?

"한바로, 정신차려! 너 도대체 왜 말을 못 뱉어 내는 거야!"

바로는 자동차 룸미러에 비친 자신의 얼굴을 쳐다보았다. 방금 그 소리가 자기 입에서 나온 것인지 아니면 환청인지 알 수 없었다.

차를 후진시켜 천천히 되돌아 나오는 동안, 바로는 핸드폰을 꺼내 1번 버튼을 눌렀다. 아내였다. 어색하게 한두 마디를 건넨 바로는 곧 전화를 끊어 버렸다. 그녀는 아무런 눈치를 채지 못했다. 천만다행이었다. 혀가 풀린 것이다. 일시적인 현상이었던 것이 분명했다. 하지만 이게 무슨 해괴한 일이란 말인가?

"이봐요, 한 과장. 도대체 요즘 정신을 어디다 두고 다니는 겁니까?"

오후 늦게 시작된 미팅에서 팀장인 강 차장의 질책이 쏟아졌다. 연수원 담당자가 벌써 연락을 한 모양이었다. 팀장은 넥타이를 느슨하게 풀고, 와이셔츠 첫 단추를 끌렀다. 한바탕 잔소리를 시작할 때 팀장이 무슨 의식처럼 치르는 예비 동작이었다.

'저 강 차장만 제대로 리더십을 발휘해 주었더라면 오늘날 회사가 이 모양이 되지는 않았을 거야.'

입 밖으로 낼 수 없는 해묵은 불만이 바로의 목울대까지 차올랐다. 팀원들의 싸늘한 눈빛이 자신에게 쏟아지자 마음속에서 또 다른 불만이 터져 나왔다. 올바로 잘 살라는 뜻으로 지어진 '바로'가, 바로바로 반응하는 '바로'가 된 지 이미 오래다.

'재수 없는 인간들, 너희들이 조금만 더 협조적이었어도 오늘 같은 해괴한 일을 당하진 않았을 거다. 모두 나한테 다 떠넘긴 것들이, 그나저나 너희들이나 나나 강 차장 같은 인간 밑에 있으니 재수 없기는 마찬가지다. 쯧쯧.'

바로의 마음속에 이미 만성이 되어 버린 푸념들이 울려 퍼지고 있을 때, 팀장의 목소리가 들려왔다.

"어제 한국 지사장님이 보스턴 본사 호출을 받고 급히 미국으로 떠난 것, 여러분도 모두 알고 있으리라 믿어요. 1주일 후에 귀국하시면 좀 더 분명하게 결과를 알 수 있겠지만, 요즘 같은 시기에 한 과장 같은 실수를 하게 되면 그게 우리에게 얼마나 치명적인지 명심해야 합니다."

팀장은 직격탄을 날려 대고 있었다.

'젠장. 이게 모두 내 탓이라는 거지?'

강 차장은 회사의 운명과 바로의 실수를 결부시키면서 계속 떠들어 대며 신경질을 냈다. 바로의 얼굴이 붉어지기 시작했다. 한바로가 소속된 AK 그룹은 기업교육 및 컨설팅 기관으로 전 세계적으로 10개 이상의 브랜치를 보유하고 있었다. 최근 동북아 고객 점유 전쟁에서 밀리지 않기 위해 아시아 브랜치를 서울에서 베이징으로 옮길 것을 심각하게 검토 중이라는 소문이 돌고 있었다.

이번에 지사장이 미국으로 불려 간 것도 바로 이 사안과

직·간접적으로 연관되어 있을 것이다. 그는 오후 내내 팀원들의 싸늘한 눈빛에 시달려야 했다.

"빵– 빵–."

뒤차의 신경질적인 클랙슨 소리에 깜짝 놀라 정신을 차렸다. 꽉 막힌 올림픽대로의 정체가 조금 풀려 앞차들이 이미 100미터 이상 나가고 있었다. 서둘러 변속기를 바꾸고 차를 앞으로 전진시켰다. 하지만 이내 브레이크 등을 켜며 또 일제히 멈추어 서고 말았다.

가다 서다를 다시 반복할 때, 핸드폰이 부르르 떨리면서 문자 메시지가 도착했다.

한바로 고객님. 이번 달 결제금액은 총 431,500원이며 결제일은 15일입니다. 언제나 좋은 거래 감사합니다. – K크레디트

달갑지 않은 문자에 바로는 눈살을 찌푸리며 핸드폰을 옆 좌석으로 던져 버렸다. 매달 이런 문자 메시지가 열 통 이상 날아든다. 바로는 이를 '지옥의 메시지'라 불렀다.

이 문자는 바로의 심사를 뒤틀리게 하는 아주 고약한 뇌관이었다. 지옥의 메시지를 받고 난 후에는 언제나 짜증이 머리끝까

지 치밀곤 했다. 건잡을 수 없이 파국으로 치닫고 있는 그의 재정 상황을 직시하게 만들었기 때문이다. 긴 한숨을 내쉬고 있을 때, 다시 핸드폰이 부르르 울렸다.

"왜!"

냉담한 그의 한마디에 상대방은 위축된 듯 잠시 망설이더니, 겨우 이렇게 말했다.

"아직 멀었어요? 어머니 상태가 좀 걱정돼서요."

아내였다. 힘겨운 목소리가 마치 드라이버처럼 빙글빙글 돌며 바로의 마음속으로 파고들어 왔다. 미간을 잔뜩 찌푸린 바로의 입술이 꿈틀거렸다. 바로는 핸드폰에 대고 소리를 버럭 질렀다.

"그러길래 내가 뭐라 그랬어! 진작 병원에 모시고 가라고 했어 안 했어! 왜 당신은 내 말을 그렇게도 안 듣는 거야? 응? 말해봐, 빨리! 도대체 당신은 뭐 하는 여자야? 그런 것도 하나 제대로 처리 못해?"

아내의 거친 숨소리만 반복해서 들려왔다.

"빨리 말해 봐. 도대체 당신은 종일 뭐 하는 거냐고, 엉?"

아내가 아무런 대답도 하지 않자 바로는 핸드폰을 옆 좌석에 내동댕이쳤다.

꽉 막힌 인생

1월 초순의 매서운 날씨인데도 바로는 운전석 창문을 내렸다. 얼굴이 화끈거리고 가슴이 쿵쾅거리는 바람에 차 안의 공기가 답답해 견딜 수 없었다. 칼바람이 차 안으로 파고들었다. 꽉 막힌 도로처럼, 바로는 자신의 인생도 그렇게 꽉 막혀 버린 듯한 절망감에 몸서리를 쳤다.

결국 국립묘지 방향의 출구를 빠져나갈 때까지 정체는 한순간도 풀리지 않았다. 올림픽대로를 겨우 빠져나온 바로는 느릿느릿 중앙대학교 뒷길을 지나 상도동 언덕 위의 연립주택 단지로 접어들었다. 골목을 10분 넘게 헤매다가 겨우 주차할 공간을 찾은 바로는 자동차 문을 열고 내릴 기력조차 남아 있지 않았다.

잠시 운전석 의자를 뒤로 젖히고 눈을 감았다. 오랜 세월 동안 자신을 따라다니며 괴롭히던 그 말들이 머릿속에서 윙윙거리기 시작했다.

"한바로. 정말 한! 바로! 한다니까.
무슨 성질이 그 모양인지. 쯧쯧.
'바로바로' 반응이 튀어나온다니까.
참 이름 한번 잘 지었네. 한. 바. 로."

중학교 때는 담임선생에게서, 고등학교 때는 친구들로부터, 대학시절에는 사귀다 헤어진 첫 여자친구로부터 귀가 따갑도록 들어 온 이야기들이었다. 집에 들어가고 싶지 않았다. 음울함으로 꽉 차 있는 바로의 마음과는 아무 상관없다는 듯 하늘에서는 하얀 눈발이 펄펄 날리기 시작했다.

바로의 어머니는 그 후 나흘 동안을 병원에 계셨다. 어머니는 기력이 조금 회복되자마자 퇴원을 하겠다며 밤 10시가 넘은 시각에 고집을 부렸다. 그녀가 한번 이렇게 행동하기 시작하면 가족들 중 누구도 감당해낼 사람이 없었다. 아직 얼굴에 소년티가 흐르는 당직 의사가 당황스러운 표정으로 허둥댔다.

어머니는 의사의 얼굴을 똑바로 쳐다보며 자신이 집으로 가야만 하는 이유를 카랑카랑한 목소리로 설명하기 시작했다.

"내 이미 이 몸뚱어리 하나 건사하느라 아파트 한 채를 다 잡아먹은 몸이오. 이 썩어질 몸 살려 내느라 하나밖에 없는 아들 가정을 파탄 내 버린 거라오."

선영은 시어머니의 말을 막아서며 당직 의사에게 허리를 굽혔다.

"죄송합니다. 신경 쓰지 마세요. 제가 다시 한 번 잘 설득하겠습니다."

하지만 비탄에 빠진 어머니는 더 격앙된 목소리로 울부짖듯 말했다.

"아니오, 의사 선생. 나 지금 집에 갈 거요. 말리지 마시오. 제발."

어머니는 이십 대 중반, 남편에게 버림 받은 이후 40년이 넘는 세월을 세상과 치열하게 싸우며 사신 분이었다. 온순하기 그지없는 며느리 선영은 어머니가 보기엔 나약해 터진, 세상 물정 모르는 숙맥에 불과했다.

하지만 퇴원을 놓고 벌어진 실랑이는 싱겁게 끝나 버리고 말았다. 선영이 당직 의사를 붙들고 이야기를 나누는 동안, 조금

전까지만 해도 눈빛에 팽팽한 전운이 감돌던 어머니가 갑자기 침대에 푹 쓰러지고 만 것이다.

당황한 당직 의사는 급히 담당 간호사를 호출해 응급조치를 취했다.

"혈압이 너무 올랐어요. 이 환자분, 이미 5년 전에 고혈압으로 쓰러져서 뇌졸중을 앓으신 분이에요. 그 후 무리하게 투약으로 버티시다가 간기능에 치명타를 입으셨고요."

간호사는 산소마스크를 씌운 뒤, 혈압 측정기를 팔에 감으며 마치 큰누나가 어린 동생에게 설명해 주듯 병력을 조곤조곤 일러주었다. 당직 의사는 차트를 한참 들여다보더니 큰 발견이라도 한 듯 말했다.

"만성 간질환이 심각하네요. 3년 전에 이미 간경화가 심화되어 큰 출혈과 쇼크가 있었고. 생명을 건진 것만 해도 천만다행이군요."

신경안정제와 혈압강하제가 첨가된 수액이 어머니의 몸 안으로 흘러들기 시작했다. 앞으로의 조치에 대해 두런두런 이야기를 나누는 의료진을 뒤로하고 선영은 병실을 빠져나왔다. 이제 두세 시간 정도 어머니는 푹 주무실 것이다.

끝까지 희망의 끈을 놓지 말자. 10년의 결혼 생활. 남은 것은 병든 시어머니와 눈덩이처럼 불어난 빚. 그리고 독 오른 고양이처럼, 일이 벌어질 때마다 가족들을 무참하게 할퀴어 대는 남편이 전부였다. 그나마 두 아이가 건강하고 밝게 자라 주는 것이 그녀의 유일한 위안이었다.

마음속으로 설움을 누르며 선영은 병원 로비를 향해 발걸음을 옮겼다. 또각거리는 구두 굽 소리가 늦은 밤 한산한 병원 로비에 잔잔히 울려 퍼졌다.

가족사진을 불태우다

　몇 시간째 노트북 모니터를 바라보기만 하던 바로는 결국 한 글자도 타이핑하지 못한 채, 노트북을 덮고 말았다. 머릿속에서 빙글거리는 수많은 생각들 중 무엇을 붙들어야 할지, 도무지 집중할 수가 없었다. 답답해진 바로는 한 사람이 겨우 들어갈 만한 좁은 욕실로 들어갔다. 뜨끈한 물로 샤워라도 하며 머리를 정리할 생각으로 샤워기 꼭지를 돌렸다.

　"앗, 차가워!"

　깜짝 놀란 바로는 부랴부랴 샤워기를 잠그고 더운물이 나오도록 이리저리 버튼을 누르고 돌려 봤지만 허사였다. 옷도 제대로 걸치지 못한 채 몸에 묻은 물을 뚝뚝 흘리면서 주방으로 달려가 가스레인지를 틀어 보았다. 틱틱틱 소리만 요란하고 가스에 점화가 되지 않았다.

그러고 보니 몇 시간 전부터 집 안이 유난히 춥다는 생각을 했는데, 도시가스가 끊어진 것 같았다. 넉 달째 가스비를 지불하지 못했으니 당연한 결과였다. 그나마 아내와 어머니는 병원에 있고 아이들은 겨울 캠프에 가 있는 것이 천만다행이었다.

어머니의 수술비와 입원비로 인해 무너지기 시작한 바로의 재정 상태는 이제 극단적인 상황에 몰려 있었다. 아파트를 처분하고 이곳 상도동의 비좁은 방 3칸짜리 연립주택에 월세로 옮겼는데도 감당이 되질 않았다. 급기야 1년 전부터 사채를 쓰기 시작한 것이 바로의 재정을 회복 불능의 상태로 몰아가고 있었다.

적지 않은 월급이었지만 그 돈은 모두 매달 사채이자와 원금을 갚는 데 들어갔고, 월급으로 감당이 되지 않는 부분은 다시 인터넷을 뒤져 새로운 사채를 추가하는 것으로 버텨 오기를 벌써 몇 달째였다. 이제는 더 이상 방법이 없었다.

그에게 남은 마지막 희망이라면 이번에 쓰는 책이 출판사의 장담대로 베스트셀러가 되는 것이었다. 계약금으로 적지 않은 금액을 출판사로부터 선지급 받은 바로는 무명과 다름없는 자신에게 관심을 가져 준 편집장의 남다른 결단에 내심 감격했다.

깡마른 체구에 서글서글한 눈매의 편집장은 첫눈에 보기에도 외곬 출판인의 모습이었다. 책의 진행 방향이라든지 중요 콘셉트 등을 의논할 때는 검은 뿔테 안경 너머로 번뜩이는 눈빛이 예사롭지 않았다. 편집장은 바로가 진행하는 기업 강의를 몇 번 따라다니더니 선뜻 계약서를 내밀었던 것이다.

그가 바로에게 요구한 핵심 콘셉트는 '자신을 다스리는 힘 – 셀프리더십'을 그동안의 강의 경험을 되살려 30대 초, 중반의 직장인들에게 와닿을 수 있도록 써 달라는 것이었다. 바로에게 그것은 그다지 어려운 주문이 아니었다. 그동안 기업에서 그가 강의해 온 분야가 바로 셀프리더십과 커뮤니케이션 두 분야였기 때문이었다.

바로는 치밀어 오르는 짜증을 견디기 어려웠다. 마음먹은 것처럼 글이 써지지 않는 것이 모두 주위 탓인 것만 같았다.

'작년 초 인사이동 때 최 차장 밑으로만 들어갔더라도 상황이 이 지경까지는 되지 않았을 텐데…….'

마음의 화살을 강 차장에게 겨누던 바로는 이내 어머니에 대한 원망으로 표적을 옮겼다. 어머니만 건강하셨더라면 지금쯤 얼마나 안정된 생활을 하고 있을 것인지를 생각하면 울화가 치밀었다. 유약한 아내는 말할 것도 없고 끝없이 칭얼대는 아이들도 목에 걸린 가시처럼 짐스럽게 여겨졌다. 불만스러운 상황들이 바로의 몸과 마음을 짓누르기 시작했다. 온몸이 싸늘해졌다.

견디기 어려운 한기를 느낀 바로는 장롱에서 두툼한 베이지색 오리털 파카를 꺼내 입고, 털양말까지 신었다. 그래도 방 안의 식어 버린 공기는 바로가 숨을 쉴 때마다 하얀 입김이 눈에 보일 정도로 차가웠다. 다시 노트북을 열고 작업을 시작해보려 했지만 이번에는 추위 때문에 도무지 집중이 되질 않았다.

주방 베란다 문을 열었다. 그곳에는 사용하지 않는 물건들을 쌓아 두는 수납장이 있었고, 아파트를 처분하고 이사 올 때 아내가 그곳에 작은 전기난로를 넣어 두는 것을 본 기억이 떠올랐기 때문이었다. 꼭대기 칸에 빨간색 전기난로 보퉁이가 보였다. 까치발을 하고 최대한 손을 뻗어 보았다. 난로는 여러 짐들 틈에 꽉 끼어 있어서 잘 빠져나오질 않았다. 실내보다 10도는 더 추운 것 같은 베란다에서 1분만 더 버티고 있다가는 온몸이 얼어 버릴 것만 같았다. 바로는 최대한 팔을 뻗어 난로를 힘껏 잡아당겼다.

"후두두둑. 투툭. 툭."

맨 윗칸에 있던 짐들이 바로의 머리 위로 쏟아져 내렸다. 짜증과 함께 알 수 없는 분노가 치밀어 올랐다.

'뭐 하나 제대로 되는 게 없군.'

난장판이 된 짐을 그대로 둔 채 바로는 얼른 전기난로만 집어 들고 돌아섰다. 베란다 문을 닫으려는 순간, 흩어진 짐 뭉치들 가운데 무언가 눈에 확 들어오는 물건이 있었다. 비닐포장지로 둘둘 말아 아무렇게나 테이프로 마감한 조그만 액자였다.

바로는 그 액자를 집어 들고 후다닥 방으로 돌아와 전기난로의 콘센트를 꽂았다. 스프링코일이 빨갛게 달아오르자 은색 반사판 전체가 붉은 빛으로 물들었다. 아직 전기가 끊어지지 않은 것이 그나마 다행스러운 일이었다. 바로는 콧물을 훌쩍거리면서 액자의 비닐 포장을 뜯었다. 손바닥보다 약간 큰 나무 액자가 드러났다. 화면 중앙에는 갓난아이가 있었고, 그 뒤에 한 부부가 어색한 표정으로 서 있었다. 바로의 백일 사진이었다.

'이럴 수가. 아직도 이 사진을 버리지 않았다니.'

빨간 난로의 불빛이 액자 유리에 반사되어 사진은 온통 붉은 빛으로 보였다. 어머니가 끝내 이 사진을 버리지 못하고 감추어 두었던 모양이었다. 바로는 입술을 굳게 다물고 어금니를 꽉 깨물었다.

'내 손으로 없애 버리겠어.'

바로가 중학교 2학년 무렵, 아버지의 수치스러운 과거 이야기를 어디선가 듣고 집에 들어왔을 때, 그는 태어나서 처음으로 어머니에게 대들었다.

"왜 아직까지 그 인간과 함께 찍은 백일 사진을 액자에 넣고
있어요? 당장 찢어 버려요. 엄마, 당장요!"

그날 이후 백일 사진은 자취를 감추었다. 하지만 어머니는
이 사진을 버릴 수 없으셨던 모양이다. 그는 사진을 찢어 불태
워 버릴 생각이었다. 사진을 빼기 위해 떨리는 손으로 액자 뒤
의 클립을 열었다. 뚜껑을 열자 백일 사진과 액자 뒤판 사이에
있던 흑백 사진 한 장이 툭 떨어졌다.

그것은 처음 보는 사진이었다. 어머니의 결혼식 때 찍은 가
족 사진 같았다. 어머니는 한없이 행복한 표정이었다. 바로는
눈을 가늘게 뜨고 증오의 눈빛으로 사진 속 아버지를 쏘아보았
다. 그런데 처음 보는 인물이 눈에 들어왔다.

신혼 부부 사이에 한 중년의 신사가 있었던 것이다. 중절모
를 쓴, 마치 백범 김구 선생과 비슷한 풍채의 당당한 외모였다.
바로가 그토록 혐오하던 아버지란 자와 풍기는 이미지가 매우
비슷했다. 물끄러미 사진을 번갈아 보던 바로는 망설임 없이 두
장의 사진을 전기난로의 중앙 코일에 갖다 댔다. 잠시 까맣게
변하던 사진 한쪽 모퉁이에서 불꽃이 훅 하고 일었다.

어머니는 그 겨울 내내 병원 신세를 지고 2월 중순이 되어서야 겨우 퇴원할 수 있었다. 그 사이 촌각을 다투는 수술이 두 차례나 있었고, 덕분에 병원비 청구서는 눈덩이처럼 불어나 지옥의 메시지도 두 배로 늘어났다.

유난히 눈이 많았던 그 겨울. 설 명절조차 아무런 느낌이 없었다. 아이들에게 세배를 받는다는 생각조차 할 수 없을 만큼 모두가 잔뜩 위축되었다. 어머니가 퇴원하는 날 병원 앞마당과 주차장은 온통 하얀 눈으로 뒤덮여 있었다.

선영은 어머니를 조심스레 부축하며 승용차에 올랐다. 바로는 겨우 운전이 가능할 정도로만 유리창과 사이드미러의 눈을 털어 버리고 운전석에 올랐다. 바로가 시동을 걸었다. 그는 지난 몇 달 동안 볼 수 없었던 밝은 표정이었다.

"어머니, 그동안 정말 고생 많았어요. 이제는 얼굴이 한결 좋아 보여요. 당신도 많이 힘들었지?"

어머니는 아무런 반응도 보이지 않은 채 창밖만 보고 계셨다. 선영은 남편의 어색한 태도에 마음이 편칠 않았다. 어머니의 손을 꼭 잡았다. 빙판길에 미끄러지지 않도록 바로는 최대한 조심스럽게 차를 몰았다. 조바심을 하던 선영이 결국 참지 못하

고 말을 꺼냈다.

"여보. 아까 복도에서 잠깐 말했던, 회사에 좋은 일이 있다는 게 무슨 뜻이에요?"

어머니가 창밖으로 돌린 눈을 거두고 다소곳이 앞을 바라보았다. 바로는 헛기침을 두어 번 하더니 자신감 넘치는 목소리로 말했다.

"본사에서 어제 한국 지사를 대폭 축소하고 아시아 본부를 베이징으로 옮기기로 최종 결정을 내렸대."

바로의 말이 이어졌다.

"한국에 전체 인력의 절반이 남고 나머지 절반은 베이징으로 합류된대. 이도 저도 싫은 경우에는 이번 기회에 명예퇴직 신청도 할 수 있다는 소문이야. 하지만 한국에 남겨진 인력들은 아마 버티기 쉽지 않을 거라는 게 중론이야."

"그럼, 당신은 어떻게 되는 거예요?"

"나? 하하! 어떻게 될 것 같아?"

선영의 입장에서는 어떤 결정이 나더라도 반가울 것이 없었다. 베이징으로 병든 어머님을 모시고 온 가족이 떠난다는 것은 상상조차 할 수 없는 상황이었다. 하지만 한국에 남았다가 혹시 실직이라도 하게 된다면, 그나마 월급으로 틀어막고 있던 그 많은 부채들을 어떻게 감당할 것인가? 남편의 속내가 궁금했다.

"아직 확정된 것은 아닌데, 강 차장은 다른 신생 업체에서 러브 콜을 받고 있대. 아마도 퇴직할 것 같아. 최 차장의 말에 따르면 나도 이번에 중국으로 이동할 가능성이 아주 높다고 하더군. 최 차장이 중국으로 옮기게 되면 나에게 기대가 크다고 말했어."

남편의 말에 선영이 황급히 끼어들었다.

"그렇다면 가족들은 어떻게 되는 거죠?"

"아, 그야 당연히 함께 가는 거지. 회사에서 사원 아파트를 마련해 줄 거라고 하더군. 적응하는 데 힘이 들긴 하겠지만 지금보다야 낫지 않을까?"

어머니는 다시 어두운 표정으로 창밖만 바라보기 시작했다.

한 줄기 빛, 로펌의 우편물

평소 같으면 30분밖에 걸리지 않을 병원에서 집까지의 이동 시간이 무려 두 배 이상 걸렸다. 눈 때문이었다. 바로가 빌라 현관 앞에 두 사람을 내려 주고 골목에 주차하려고 차를 후진할 때, 빨간색 오토바이를 탄 우편 배달부가 바로의 차 옆을 부딪힐 듯 지나쳤다.

'이런 조심성 없는 사람 같으니.'

바로는 창문을 내리고 소리를 지르고 싶었지만 꾹 참았다. 오토바이가 이미 10미터 이상 멀어졌기 때문이었다. 백미러를 보며 후진을 계속하려는데, 빨간 오토바이가 바로의 빌라 입구에 멈추는 것이 보였다. 배달부는 현관에 막 들어서려는 아내에

게 무어라 말하더니 고개를 끄덕이면서 서류 봉투 하나를 건네
주고 서명을 받았다. 등기 우편물이 도착한 모양이었다. 바로는
주차 공간을 찾으려고 서둘러 차를 움직였다.

빌라들이 워낙 밀집해 있어서 3층에 위치한 바로의 집은 전
체적으로 햇볕이 잘 들지 않고 어두컴컴했다. 선영은 삭막한 분
위기를 어떻게든 꾸며 보려고 거실 베란다에 몇 개의 싸구려 화
분을 사다 두었다. 그나마 화분들이 싱싱하게 자라 주어 위안이
되었다. 두툼한 이불을 깔고 어머니를 눕혀 드린 선영은 그녀가
막 잠드는 모습을 지켜본 후 방을 빠져나왔다.

"아이들은 어디에 맡긴 거야?"

바로는 옷도 갈아입지 않고 안방 벽에 등을 기대고 선 채 선
영에게 물었다.

"아래층 예진이 엄마가 잠깐 봐 주고 있어요. 지금 데리러
가야 해요."

선영은 고개를 숙인 채 긴 한숨을 내쉬었다. 바로는 그 의미
를 금세 파악하고 경대 서랍을 열어 보았다. 각종 세금을 비롯
한 밀린 고지서들이 수북이 쌓여 있었다.

"그래도 끊어진 가스를 다시 복구했으니 다행이잖아?"

바로는 너털웃음을 지으며 애써 태연한 척 가슴을 폈다. 중국으로 이동한다는 최 차장의 말에 고무된 탓인지, 예전 같으면 버럭 짜증을 낼 상황인데도 담담한 척하는 남편의 모습을 보며 선영은 마음이 아려 왔다. 그녀가 뭔가를 떠올린 듯 주변을 두리번거리며 말했다.

"아! 참, 아까 당신 앞으로 우편물이 하나 도착했어요. 주소가 영어로 써 있던 걸요. 어디 뒀더라? 어머님 모시고 올라오느라고 정신이 없었네요."

"저 노란 봉투?"

바로는 냉장고 옆의 흰색 칼라박스를 가리켰다. 아내는 아이들을 데리러 간다며 현관문을 열면서 고개를 끄덕였다.

바로는 노란 서류 봉투를 살펴보았다. 봉투 안에는 바로를 초대하는 한 장의 공문서가 들어 있었다. 새하얀 스노우화이트 용지를 사용한 두툼한 문서에는 범상치 않은 고급스러움이 배어 있었다. 문서의 헤드에는 '락포드 로펌'이라는 변호사 사무실의 로고와 엠블럼이 새겨져 있었고, 주소와 팩스, 웹사이트 정보 등이 짙은 남색 영문으로 찍혀 있었다. 하지만 본문은 어색하게 번역된 한글로 타이핑이 되어 있어, 별로 신뢰가 가지 않는 조잡한 느낌마저 들었다.

기분이 상했다. 광고 우편물이라고 생각해 편지를 쓰레기통

에 집어넣으려던 바로는 수신자 명단에 있는 익숙한 이름을 발
견하고는 다시 편지를 제대로 훑어보기 시작했다.

Rockford Law Firm

수신 한바로, 한위로

두 사람의 친조부 고(故) 한인중 회장의 유언장을
공개하는 회동이 2월 18일 화요일 오전 10시 30분에
있을 예정입니다.
이에 두 사람은 반드시 참석해 주시길 바랍니다.

· 일시 : 2월 18일 10 : 30 AM
· 장소 : 서울 밀레니엄 힐튼 호텔 앰버(Amber) 룸

Daniel S. Green

Daniel Green

바로는 반사적으로 주방 벽에 걸린 달력을 바라보았다. 1주일 정도의 시간이 있었다.

'이건 분명히 누군가가 보낸 장난 편지일 뿐이야. 내겐 아버지도 없고, 할아버지도 없어. 제길, 누가 이런 짓을 했을까?'

불쾌한 기분으로 편지를 구겨 쓰레기통에 던져 버렸다.

그날 밤 바로는 도무지 잠을 이룰 수 없었다. 회사의 이동 문제, 쌓여 있는 고지서들, 하루가 멀다 하고 날아드는 지옥의 문자메시지들, 언제 다시 쓰러질지 모르는 어머니의 불안한 건강 상태. 그러나 이런 어려움들은 별달리 새로운 것도 아니었다. 오늘 밤 그의 신경을 건드리고 있는 것은 바로 낮에 보았던 이상한 편지였다.

'아내가 쓰레기통을 비웠을까?'

편지에서 보았던 한위로, 한인중이라는 두 사람의 이름이 목에 걸린 가시처럼 신경을 계속 거슬리게 하고 있었다. 한위로를 생각하자 저절로 어금니가 꽉 깨물어졌다.

배다른 형제. 하지만 단 한 번도 얼굴을 본 적은 없었다. 단지 이름처럼 수직 상승하는 인생을 산다는 얘길 들었다. 잊을 만하면 한 번씩 자신의 삶에 파고들어 마음을 들쑤시는 한위로의 존재를 떠올리는 것 그 자체가 바로에게는 고역이었다.

'한인중이 나의 친조부라고? 만일 친할아버지가 존재했다면 왜 그동안 어머니와 나를 방치해 두었다가 이제야 유언장을 공개한다고 부르는 것인가? 왜 편지는 미국에서 발신된 것일까?'

아이들은 오래전부터 곯아떨어져 있었다. 아내도 숨소리가 고른 것으로 봐서 깊은 잠에 빠진 듯했다. 바로는 아무도 눈치채지 못하게 조용히 일어나 주방으로 걸음을 옮겼다. 냉장고에서 물을 꺼내 한 잔 들이킨 바로는 입을 닦고, 쓰레기통으로 눈길을 보냈다.

텅 비어 있는 것은 아닐까 염려하며 낮에 편지를 구겨 버린 자신의 충동적인 행동을 후회했다. 눈을 질끈 감고 쓰레기통 뚜껑을 열었다. 다행히 편지는 그 안에 고스란히 놓여 있었다. 바로는 편지를 꺼내 들었다.

한위로. 한인중. 두 사람의 이름이 발광체처럼 편지지 안에서 빛을 발하고 있었다. 바로는 아까보다 훨씬 자세히 한 글자한 글자를 뜯어보았다. 발신지가 락포드 로펌이라는 변호사 사무실인 것이 새롭게 보였다. 주소지는 미국의 시카고였다. 발신자의 이름이 편지 맨 아래에 적혀 있었고 서명이 되어 있었다. 다니엘 S. 그린이라는 변호사였다.

'다니엘 S. 그린.'

변호사의 이름을 되뇐 바로는 방으로 들어가 노트북 가방을 집어 들었다. 갑자기 커피 생각이 간절해진 그는 싱크대 위에 있는 전기주전자의 버튼을 눌렀다. 1분도 되지 않아 쉭- 하며 물이 끓는 소리가 들렸다. 인스턴트 커피 봉지 끝을 잘라 컵에 털어 넣고 뜨거운 물을 부었다. 향긋한 커피 향이 주방에 퍼졌다. 커피 잔을 들고 바로는 주방 바닥에 놓인 노트북 앞에 앉았다.

편지지에 써 있는 락포드 로펌의 웹사이트 주소를 최대한 조용하게 타이핑했다.

'이 편지가 장난인지 아닌지는 금세 판가름이 나겠지.'

화면이 잠시 하얗게 변하더니 남색 바탕에 흰색 글씨로 Rockford Law Firm이라는 로고가 선명하게 떠올랐다. 서류에서 보았던 엠블럼 역시 큼직하게 자리 잡고 있었다. 바로의 손끝이 조금씩 떨려 오기 시작했다. 여기저기 메뉴를 클릭해본 바로는 락포드 로펌이 상당한 규모의 법률 회사임을 쉽게 파악할 수 있었다. 각 분야별로 전문 변호사들이 즐비했다. 메인 화면의 소개에 따르면 120명 이상의 변호사들이 락포드 로펌에 근무하고 있었다.

바로는 다니엘 S. 그린이라는 이름의 변호사를 찾으려고 이곳저곳을 클릭했다. 하지만 워낙 복잡하게 구성된 사이트라 쉽

지 않았다. 결국 우측 상단의 검색창에 그의 이름을 타이핑해보
았다. 순식간에 화면이 바뀌면서 덥수룩한 수염의 중년 남성이
떠올랐다. 그는 하버드 법대를 졸업하고 유산 및 상속 관련 분
야에서 17년 이상을 근무한 최고의 베테랑 변호사 중 한 사람으
로 소개되어 있었다. 바로의 심장이 쿵쾅거리기 시작했다. 눈이
갑자기 침침해지면서 목이 말라 왔다. 노트북 옆에 놓여 있던
커피는 어느새 싸늘하게 식어 있었다. 바로는 단숨에 커피를 들
이켰다.

영상으로 만난 할아버지

베이징으로 본거지를 옮기게 된 회사의 분위기는 냉랭하기 이를 데 없었다. 이미 퇴사를 결심한 몇몇 직원들이 짐을 싸서 책상을 비운 탓에 아셈타워 30층과 37층을 사용하는 사무실에는 파장 분위기가 감돌았다. 나머지 직원들도 헤드헌터들에게 자신의 이력서를 날려 보내기 시작했다.

1주일이 빠르게 흘렀고 2월 18일이 밝았다. 바로가 제출한 하루 오프 신청은 별 무리 없이 받아들여졌다. 승용차는 상도터널을 지나 한강대교를 건너고 있었다. 2월 중순의 한강은 잿빛으로 물들어 있었다. 라디오 버튼을 눌렀다. FM에서는 모차르트의 〈피가로의 결혼〉 중 "나 자신을 알 수 없네"를 바이올린 독주곡으로 편곡한 부드럽고 서정적인 멜로디가 흘렀다. 피아노의 잔잔한 반주가 마치 한강의 가볍게 일렁이는 물결 같았고, 애잔한 바이올린 선율은 마치 바로에게 왜 지금 한강을 건너고 있냐고 묻는 것 같았다.

차 안에서 느껴지는 햇살이 따스했다. 바로는 창문을 내렸다. 차지 않은 바람이 살랑거리며 밀려들었다. 그때 갑자기 어떤 강한 느낌이 스쳤다.

'거액의 유산이 나에게 상속된다는 꿈같은 이야기가 현실이 될지도 모른다.'

지난 1주일 동안 꾹꾹 억누르며 생각하지 않으려고 애서 왔던 가능성 한 가지가 불쑥 머릿속을 헤집고 들어온 것이다.

'그게 아니라면 도대체 왜 나를 부르고 있는 것인가?'

혼란에 빠진 바로에게 모차르트의 바이올린 선율은 부드럽게 타이르는 듯했다.

'이보게, 한바로 씨. 자네의 인생에 그런 좋은 일이 일어난 적이 있기라도 해?'

음악 소리는 비웃는 것처럼 끈적하게 차 안을 맴돌았다.

호텔 로비에 안내 보드가 있었다.

락포드 로펌 미팅.

앰버룸 10:30 AM

조금 일찍 도착한 바로는 크게 심호흡을 하고, 앰버룸으로 걸음을 옮겼다. 회의실은 그리 크지 않았다. 평소 비즈니스 미팅이나 소규모 워크숍 용도로 사용했을 듯한 공간이지만 오늘 미팅을 위해서는 편안한 거실처럼 꾸며져 있었다.

혼자 있기 어색해진 바로는 방을 나와 복도 끝의 화장실로 들어가 거울에 비친 자신의 모습을 보았다. 창백한 얼굴이 측은해 보였다. 이 모임에 대한 커다란 기대감이 솟구쳤지만 그 환상에서 깨어날 때의 고통이 얼마나 두려울지를 생각하자 온몸에 소름이 끼쳤다.

차라리 도망치고 싶었다. 여기서 더 깊은 상처를 받는 것보다 도망치는 것이 백 번 나은 선택이 아닐까? 거울을 바라보며 두 사람의 한바로가 침묵 속에서 심각한 대화를 나누고 있었다. 화장실에서 나온 바로는 앰버룸 입구를 바라보았다. 은색 재킷을 입은 키가 훤칠한 한 남자가 룸으로 들어가는 모습이 보였다. 누굴까?

그때 엘리베이터에서 두 사람이 내렸다. 두 사람은 묵직해 보이는 서류 가방 하나씩을 들고 이야기하며 앰버룸 쪽으로 걸어가고 있었다. 잠시 후 대여섯 명의 정장차림 남녀가 엘리베이터에서 우르르 내렸다. 바로는 마치 쇳가루가 자석에 끌리듯 그들의 뒤를 따라 앰버룸으로 들어갔다.

"지금부터 유언자 한인중 회장님의 비디오 메시지를 함께 시청하도록 하겠습니다."

몇 마디 간단한 인사말과 모임의 취지를 설명한 뒤, 다니엘 그린 변호사는 즉시 핵심으로 들어갔다. 호텔 직원이 벽에 붙어 있는 버튼을 누르자 천장 쪽에서 슬라이드 스크린이 '웅-'하는 묵직한 소리와 함께 천천히 내려오기 시작했다.

바로는 소파에 걸터앉아 꼿꼿이 허리를 편 채 잔뜩 긴장한 표정으로 주변을 살펴보았다. 한위로가 분명해 보이는 맞은편 소파의 은빛 재킷 사내 역시 표정이 굳어 있었다. 실내 조명이 서서히 꺼지고 통역을 맡은 사내가 노트북을 클릭하자, 찌지직거리는 소음과 함께 비디오 화면이 나타났다. 거기에는 90이 훨씬 넘어 보이는 한 노인이 정장차림으로 서 있었다.

'어디선가 본듯한 인물인데.'

바로는 엉덩이를 소파 앞으로 바짝 빼면서 화면 쪽으로 몸을 기울였다. 노인이 말을 시작했다.

"이 비디오를 통해 너희들에게 유언을 남긴다. 생을 마감할

날을 앞두고 나는 핏줄인 너희들에게 나의 가장 소중한 것을 남겨 주고 싶구나."

노인의 눈을 뚫어지게 바라보던 바로는 그가 불과 몇 주 전 자신이 태워 버린 어머니 결혼사진에서 보았던 그 신사임을 알 수 있었다. 할아버지였던 것이다. 노인은 잠시 말을 멈춘 다음 허리를 굽혀 자기 앞에 놓였던 쇠막대기 하나를 집어 들었다.

"이 막대기를 그냥 두면 아무 쓸모가 없다. 하지만 이것으로 망치를 만들면 10달러를 벌 수 있다."

할아버지는 말을 잇기가 편치 않아 보였다. 잠시 쿨럭거리며 말을 멈춘 할아버지는 숨을 크게 한 번 들이쉬고 다시 말을 이었다.

"이 막대기로 머리핀을 만들면 100달러를 벌 수 있지. 그런데 말이다. 이것으로 첨단 스프링을 만들면 얼마까지 벌 수 있는지 아느냐? 1만 달러 이상의 가치를 만들어 낼 수 있어."

바로는 할아버지의 눈을 계속 뚫어지게 바라보았다. 늙어 기력이 쇠했지만, 그의 눈빛에는 권위가 배어 있었다.

"내가 오늘 너희들에게 값진 유산을 하나 남기고 싶다. 재물을 기대했었느냐? 그렇다. 나에게는 꽤 많은 재산이 있다. 하지만, 나는 너희들이 재물을 다룰 수 있는 인물인지를 확인하기 전에는 넘겨줄 마음이 없다. 더 중요한 것을 너희에게 주고 싶다. 그것은 쇠막대기 하나로 10달러를 만드느냐, 아니면 1만 달러의 가치를 만드느냐 하는 커다란 차이를 너희들 인생에 가져다 줄 것이다."

바로는 남들이 눈치채지 못할 정도로 천천히 소파의 쿠션에 몸을 묻었다. 결국 할아버지가 유산을 물려줄 뜻이 아니었다는 생각이 들자 한 가닥 희망의 끈이 툭 끊어지는 느낌이 들었다.

"너희들을 위해 준비한 것이 여기 있다. 잘 보아라."

아주 단순한 영상이 나타났다. 할아버지의 설명이 화면 뒤편에서 계속 들렸다.

"평범한 사람들을 가장 고결한 내면 상태로 바꾸어 줄 간단한 함수가 여기에 있다. 나는 너희들이 이 빈칸에 들어갈 내용을 찾아낼 수 있기를 바란다."

바로는 재빨리 맨 아래에 써 있는 글귀를 읽어 보았다.

'마음 쿠션의 비밀?'

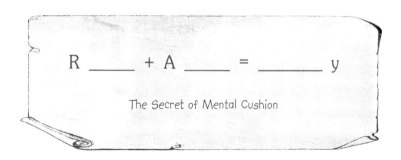

$$R\rule{1cm}{0.4pt} + A\rule{1cm}{0.4pt} = \rule{1cm}{0.4pt}y$$

The Secret of Mental Cushion

인생을 가르는 3주의 시간

조명이 다시 환하게 밝아졌다. 변호사가 앞으로 걸어 나오는 동안, 룸 뒤편에서 오늘 모임 전체를 비디오로 촬영하고 오가는 대화들을 메모하던 스태프들이 바로에게 CD 한 장과 서류 뭉치를 건넸다.

변호사가 설명을 시작했다.

"방금 보신 화면은 한인중 회장께서 돌아가시기 3개월 전에 촬영한 내용입니다. 그분이 남긴 구체적인 유언은 방금 나누어 드린 서류에 모두 기록되어 있습니다. 지금 막 보신 영상도 CD로 제공해 드렸습니다."

변호사도 긴장되었던지 물을 조금 들이킨 후 말을 이었다.

"할아버지의 유산을 상속받을 수 있는 조건은 아까 화면으로 보셨던 문제를 푸는 것입니다."

"설마 지금 이 자리에서 풀어야 하는 것은 아니겠죠?"

맞은 편의 한위로가 어깨를 들썩하며 유창한 영어로 변호사에게 질문했다. 표정에 여유가 있어 보였고 발음도 아주 부드러웠다. 바로는 갑자기 속이 메스꺼워졌다. 어린 시절부터 생각 속에서만 자신을 힘들게 하던 한위로가 완벽한 실체가 되어 나타난 것이다. 바로가 입가에 손을 대며 불편한 감정을 감추고 있을 때, 변호사의 대답 소리가 들렸다.

"물론입니다. 할아버지의 유언장을 읽어 보시면 이 문제를 푸는 데 3주의 시간을 준다고 되어 있습니다."

"3주라면……."

바로와 위로는 수첩의 달력과 핸드폰의 달력을 뒤지기 시작하더니 거의 동시에 소리쳤다.

"3월 11일 화요일!"

그린 변호사는 자신의 시계를 들여다보았다. 동시에 그 방의 모든 사람들이 자신의 시계나 핸드폰을 열었다. 곳곳에서 웅성거리는 소리가 들렸다.

"오전 11시 11분입니다."

"3주 후인, 3월 11일 화요일 오전 11시 11분까지 마감하도록 하겠습니다."

"할아버지의 유산이란 게 도대체 어느 정도 규모인가요?"

한위로는 배짱이 있어 보였다. 바로는 긴장한 탓에 어떤 질문도 던지기 어려웠지만, 그는 일상의 업무를 처리하듯 유연하게 질문을 날렸다.

"유산의 규모는 3월 11일에 밝혀집니다. 할아버지의 뜻입니다. 여기 제 서류 가방에 유산의 내역이 담긴 서류가 인봉되어 있습니다. 제가 아는 것은 결코 적은 규모가 아니라는 것 정도입니다."

"3주 후에 다시 여기에 모이는 건가요?"

한바로가 겨우 용기를 내어 한마디 질문을 건넸다. 변호사는 미소 띤 얼굴로 말했다.

"그렇습니다. 타인을 보내서도 안 되고 다른 통신 수단을 이용한 제출도 불가능합니다. 오직 이곳 앰버룸에서 3월 11일 오전 11시 11분까지 두 분이 직접 오셔서 자필로 작성한 답안지를 저에게 제출해야 법적 효력을 갖게 됩니다."

모두 고개를 끄덕였다. 위로가 다시 물었다.

"혹시 두 사람 모두 문제를 풀지 못하면 유산은 어떻게 되는 거죠? 한 사람만 맞힐 경우나 둘 다 맞히는 경우는요?"

"두 분 모두 실패할 경우, 안타깝지만 유산은 전부 자선 단체에 기부될 것입니다. 사실 한 회장께서는 생전에 전 재산의 90% 가까운 돈을 자선 단체에 기부하셨습니다. 여러분에게 분배한 몫은 비록 10%지만 결코 적은 규모가 아님을 기억하십시오."

변호사는 고개를 아래위로 끄덕이며 흐뭇한 표정을 짓다가 무언가 빠뜨린 것이 생각났는지 눈을 깜빡였다.

"아! 두 사람 중 한 사람만 풀었을 경우라고 하셨죠? 그 경우엔 당연히 문제를 푼 사람에게 모든 유산이 상속될 것입니다. 물론 두 분 모두 정답을 풀었을 경우에는 공평하게 5대 5로 유산을 분배하게 될 것입니다.

여기 배석한 스태프들은 한국의 로펌에 근무하는 한국의 상속법 관련 전문가들과 공증인들입니다. 이분들이 공정하고 신속한 상속이 이루어지도록 모든 법률적인 지원을 하게 될 것입니다."

변호사는 노트북과 서류들을 자신의 서류 가방에 넣기 시작했다. 모임을 마칠 모양이었다. 가방의 버튼을 모두 닫은 다니엘 그린은 두 사람의 얼굴을 번갈아 보면서 말했다.

"지금부터 24시간 내에 여러분의 메일로 첫 번째 힌트가 전송될 것입니다. 그리고 1주일 후 두 번째 힌트가 나가게 됩니다. 마지막 힌트는 마감 1주일 전에 전송됩니다. 이 힌트들이 문제를 풀어 나가는 데 도움이 될 것입니다. 이제 모임을 마치 겠습니다. 여기 확인서에 서명하시고 그 아래에 메일 주소를 기록해 주시면 되겠습니다."

미팅이 끝나자 한위로는 곧장 바로에게 다가왔다. 마주 대하고 보니 그는 키가 컸고 놀라우리만큼 잘생긴 얼굴이었다. 리처드 기어가 한국인으로 태어났다면 젊은 시절 바로 이런 모습이었을 것이다.

바로는 잔뜩 위축된 얼굴로 명함을 받았다. 일부러 약간의 거리를 두어 자신의 마음이 썩 편한 상태가 아니라는 것을 암시했다. 위로는 서툰 한국말로 어색하게 웃으며 말했다.

"우리에게 저런 멋진 할아버지가 존재했다니 놀랍지 않나요?"

바로는 '우리'라는 표현에 속이 다시 한 번 뒤틀렸지만, 입을 꽉 다문 채 고개만 끄덕였다. 그는 잠자코 위로의 눈동자를 들여다보았다. 아무런 대답 없이 빤히 자신을 바라보는 바로의 태도에 당혹감을 느낀 위로는 손을 내밀어 악수를 청했다. 하지만 바로는 끝내 그 손을 붙잡지 않고 발걸음을 돌려 앰버룸을 빠져나갔다.

집비둘기와 세 치 혀

30층으로 올라가는 엘리베이터 버튼을 눌렀다. 뒷목이 뻐근했다. 몇몇 동료들이 엘리베이터에서 아침 인사를 했지만 바로는 건성으로 고개를 숙였다. 10층을 지날 무렵, 옆에 서 있던 같은 팀원이 바로에게 물었다.

"과장님. 어제 안 보이시더니, 좋은 일이라도 있으신가 봅니다."

"좋은 일은 무슨. 어떻게 해야 할지 난감하네. 그런데 어제 회사에는 별일 없었어?"

"주말까지로 데드라인이 결정되었다고 하더군요. 베이징행 비행기표를 예약할지 말지를 결정하라는 거죠."

바로는 시계를 들여다보았다. 아침 8시 20분이 막 지나고 있었다. 무거운 표정으로 팀원에게 눈인사를 건네며 말했다.

"이 세상이 언제 우리 마음대로 한 번이나 움직여 준 적이 있었나. 담담히 운명에 따르는 수밖에."

바로의 이 한마디에 찬물을 끼얹은 듯 싸늘한 분위기가 엘리베이터 내에 감돌았다. 잠시 후 문이 부드럽게 열리면서 30층 로비가 나타났다. AK 직원들이 우르르 각자의 자리로 흩어졌다. 모두의 발걸음이 한없이 무거워 보였다.

책상에 노트북 가방을 내려놓은 채 바로는 의자에 몸을 묻고 눈을 감았다. 밤을 지새우며 아침까지 기다렸던 첫 번째 힌트는 아직 도착하지 않았다. 24시간 내에 보내 주기로 했으니 늦어도 11시 안에는 들어올 것이다. 바로는 어제의 일들이 꿈이 아니라는 것을 다시 확인하고 싶어 주머니를 뒤졌다. 명함들이 손에 잡혔다.

분명히 꿈은 아니었다. 예닐곱 장의 명함 중에 가장 빛나는 은빛 명함 하나가 유독 눈에 들어왔다.

한위로, CEO.

㈜유니텍 인터내셔널.

그는 성공한 젊은 벤처기업가였다. 늦은 밤, 어머니를 깨워 모든 것을 물어 보고 싶었지만 바로는 꾹 참았다. 아직은 이 모든 사실을 가족들에게 알리고 싶지 않았다. 또 한 번 추락하는 자신의 모습을 보여 주기 싫었다.

하룻밤 사이에 자신의 인생에 낯선 인물들과 사건들이 뛰어드는 바람에 바로는 감정의 진폭이 심해졌다. 주머니 속의 핸드폰이 부르르 떨며 울렸다. 편집장이었다.

"좋은 아침이에요, 한 선생님. 원고는 잘 진행되고 계신 거죠?"

바로는 갈라진 목소리로 더듬거리며 대답했다.

"아, 네. 열심히 하고는 있는데, 썩 잘 되어 가는 편은 아닙니다."

"제 달력을 보니 우리가 초고의 큰 틀을 짜서 미팅하기로 한 것이 다음 주로 되어 있네요. 수요일 저녁쯤 어떠세요?"

바로가 한숨을 내쉬며 기죽은 목소리로 대답했다.

"아, 네. 그럼 그렇게 하도록 하겠습니다. 수요일이요."

서둘러 전화를 끊은 바로는 로비 쪽 창가로 걸음을 옮겼다. 뜨겁고 진한 커피를 세 잔쯤은 마셔야 업무를 시작할 수 있을 것 같았다.

바로의 직속 상관인 팀장이 수, 목 이틀 동안 오프를 신청하고 출근을 하지 않자, 팀원들도 대부분 손을 놓은 분위기였다. 아마도 회사는 이번 한 주 동안의 혼란을 묵인해 줄 모양이었다. 바로에게는 더할 나위 없는 좋은 기회였다.

이미 커피를 석 잔이나 마셨는데도 바로는 눈꺼풀이 한없이 무거웠다. 다시 한 번 노트북에 담긴 할아버지의 CD를 돌렸다. 커피를 네 잔째 마시며 이어폰을 끼고 동영상을 돌리던 바로는 다니엘 그린 변호사를 생각했다.

'왜 할아버지는 미국의 로펌에 이 유산 상속 문제를 의뢰했을까?'

강한 호기심이 발동했다. 변호사의 명함을 보면서 로펌의 웹사이트를 다시 클릭해 보았다. 로펌은 시카고 다운타운에 위치하고 있었고 주소는 시카고의 랜드마크 중 하나인 존 행콕 센터로 되어 있었다.

할아버지를 한인중 회장으로 묘사한 유언장의 내용과 변호사의 말투가 떠올랐다. 바로는 즉시 검색 화면을 띄웠다. '한인중'을 입력해 보았으나 결과는 보잘것없었다. 울산에 있는 어떤 중학교 교장, 모 정당의 정치인, 탁구 코치 이름이 전부였다. 이번에는 영문 사이트에 접속해 할아버지의 영문 이름과

President까지 함께 입력해 보았다. 달리 특별한 정보가 눈에 들어오지 않았다.

그때 바로의 노트북 오른쪽 하단에 편지 봉투 로고 하나가 쑥- 하고 올라왔다. 바로는 손목시계를 들여다보았다. 정각 11시였다.

'첫 번째 힌트가 도착했다!'

바로는 떨리는 마음으로 메일을 열었다. 다니엘 그린의 메일이었다. 내용은 단출하기 그지없었다.

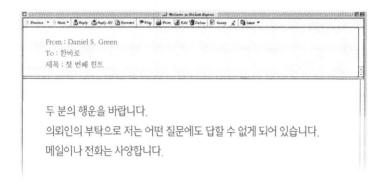

'뭐야. 이게 힌트란 말인가?'

몇 번을 다시 읽어도 내용에는 조금도 변함이 없었다. 잠시 생각에 잠긴 바로는 책상 위에 어지럽게 널려 있던 명함들을 뒤져 한위로의 연락처를 찾아냈다. 그에게도 과연 동일한 메시지가 왔는지 확인해 볼 참이었다. 어제의 어색한 헤어짐이 못내 마음에 걸려 수화기를 집어 들고 한참을 망설이던 바로는 눈을 질끈 감고 버튼을 눌렀다. 잠시 후 상냥한 여직원의 목소리가 흘러나왔다.

"유니텍입니다. 무엇을 도와드릴까요?"

"대표이사님과 잠시 통화를 하고 싶습니다. 제 이름은 한바로입니다."

"연결해 드리겠습니다. 잠시만요."

수화기에서는 대기 중 음악이 잠시 흐르더니 전화가 연결되는 소리가 들렸다.

"네, 비서실입니다. 대표님은 현재 미국 출장 중인데 무슨 일이신가요?"

바로는 놀라움을 감출 수 없었다. 그의 경쟁자는 벌써 발 빠르게 미국으로 건너갔다. 문제를 풀기 위해 할아버지의 주변과 흔적을 파헤치기 시작한 것이 분명했다. 경쟁자의 강력한 존재감이 온몸을 휘감았다. 전화를 쥐고 있는 손바닥에 땀이 흘렀다.

"언제 출국하셨는지요? 급하게 연락 드릴 일이 있는데 어떻게 하면 좋을까요?"

하지만 상대는 최대한 정중하게 정보 제공을 거절하고 전화를 끊자고 했다. 바로의 가슴이 쿵쾅 울려 대기 시작했다.

'이러고 있을 때가 아니다.'

전화를 끊은 바로는 잠시 망설이다가 그의 핸드폰 번호를 눌렀다. 그는 틀림없이 로밍 서비스를 신청하고 떠났을 것이다. 만일 지금 태평양 상공만 아니라면 분명히 연결될 것이다. 여섯 번 신호가 울린 후 한위로의 음성이 들려왔다. 그는 아주 자연스럽게 "헬로우"라고 말했다. 바로는 침을 꿀꺽 삼킨 후, 더듬거리며 용건을 말하기 시작했다.

"한바로입니다. 어제 뵈었던."

만일 그가 조금이라도 불편한 기색을 보이면 거침없이 전화를 끊어 버릴 작정이었다. 그는 어제의 일은 잊어버린 듯한 목소리로 아주 밝게 전화를 받아 주었다. 바로의 위축된 마음이 조금 풀리기 시작했다.

"벌써 미국으로 날아가셨네요. 대단하십니다. 혹시 변호사의 메일은 받으셨나 해서요."

한위로는 잠시 침묵하더니 갑자기 톤을 바꾸어 건조하기 짝이 없는 목소리로 퉁명스럽게 대답했다.

"메일은 잘 도착했습니다. 저는 지금 막 미국에 도착해 호텔에 짐을 푸는 중이라 몹시 피곤하군요. 메일에 관해서는 별로 제가 드릴 말씀이 없... 치칙... 칙..."

위성 수신 상태가 별로 좋지 않은지 갑자기 잡음이 들리더니 전화가 툭 끊어지고 말았다. 불쾌한 기분이 물컵에 떨어진 잉크 방울처럼 빠르게 퍼져 나갔다. 다시 핸드폰 번호를 눌러 보았지만 상대방의 전화기는 이미 꺼져 있는 상태였다.

모니터를 들여다보며 메일 시스템을 닫으려는 순간, 바로의 눈에 무언가가 들어왔다. 다니엘 그린의 메일 맨 아래쪽에 첨부된 파일 하나가 있었다.

첨부파일 : First_clue.bmp

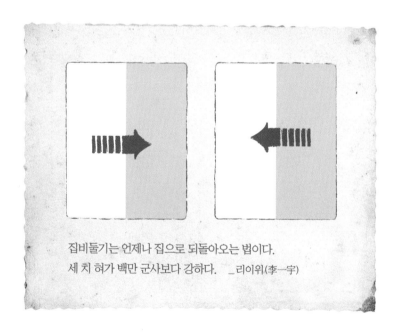

집비둘기는 언제나 집으로 되돌아오는 법이다.
세 치 혀가 백만 군사보다 강하다. _리이위(李一宇)

서둘러 파일을 클릭했다. 화면에 큰 도식 하나가 떠올랐다. 흑과 백으로 양분된 두 개의 사각형 중심을 관통하는 화살표. 정반대 모양의 그림.

'세 치 혀와 집비둘기가 무슨 연관이 있지?'

즉시 해석할 수는 없지만, 강한 상관관계를 갖고 있는 그림이라는 것은 짐작할 수 있었다.

더욱이 이 그림은 R___+A___ = _____y의 문제를 푸는 중요한 첫째 열쇠라는 것을 명심해야 한다. 바로는 프린트 아이콘을 클릭한 뒤 의자에 몸을 깊이 묻으며 뒤로 젖혔다. 피곤이 몰려왔다.

유일한 탈출구

하품을 하는 순간 책상에 놓인 핸드폰이 진동했다. 아내였다. 불길한 느낌이 들었다. 아내는 특별한 일이 아니고서는 근무 시간에 그에게 전화를 거는 법이 없었기 때문이다.

'어젯 밤의 그 일 때문일까?'

손바닥에서 계속 울려 대는 전화기의 진동을 느끼며 바로는 어제 일을 떠올렸다.

저녁을 먹은 후 바로는 노트북을 들고 방 한쪽에 쭈그리고 앉아 할아버지의 동영상을 보고 있었다. 30분쯤 지났을 때, 여섯 살짜리 딸과 두 살 아래 아들이 심하게 싸우는 소리가 들렸다. 선영은 설거지를 하는지 아이들이 싸우는데 말릴 생각도 하지 않았다. 신경이 많이 거슬렸지만 참고 넘어갔다.

10분쯤 지났을 때, 두 아이는 언제 싸웠냐는 듯 정신없이 비좁은 집 안 여기저기를 휘젓고 다니면서 뛰어놀기 시작했다. 방해 받고 싶지 않은 마음에 안방 문손잡이 버튼을 눌러 방문을 잠갔다. 하지만 채 5분도 지나지 않아 둘째 녀석이 방문을 쿵쾅 두드리면서 제 누나를 찾는 소리가 들렸다.

그렇지 않아도 아이들을 단속하지 않는 아내에게 불만이 잔뜩 쌓였던 바로는 그 순간 폭발해 버리고 말았다. 문을 확 열어젖힌 후 아이들 둘과 아내를 혹독하게 몰아치면서 저주에 가까운 분노를 쏟아 냈다. 아이들은 얼굴이 하얗게 질렸고 집 안은 순식간에 얼음장처럼 변했다.

로비에 도착한 바로는 긴 한숨을 내쉰 후 메마른 목소리로 전화를 받았다.

"이 시간에 무슨 일이야?"

아무 말이 없었다. 바로도 침묵으로 응수했다. 갑자기 아내가 흐느끼기 시작했다. 바로는 아내의 울음에 당혹감을 느꼈다. 그러다 약해 빠진 아내에게 불쑥 분노가 치밀어 올랐다. 하지만 회사 복도에서 큰 소리로 화를 낼 수도 없고 참아야만 했다. 한참 동안 눈을 감고 화를 삭이던 그가 겨우 한마디를 건넸다.

"대뜸 전화해서 왜 울고불고 난리야. 무슨 일인지 모르지만 집에 들어가서 얘기해. 이만 끊어."

전화를 끊으려는 찰나에 건너편에서 젖은 목소리가 황급하게 들려왔다.

"주인집에서 연락이 왔어요. 오늘 최대한 빨리 들어와 줘요."

아내는 그렇게 말하곤 곧 전화를 끊어 버렸다.

마음이 무거워진 바로는 출력을 걸어 놓은 그림을 찾으려고 공유 프린트기 쪽으로 걸어갔다. 동료 한 사람이 용지를 들어 그림을 들여다보고 있었다. 바로는 깜짝 놀라 용지를 뺏듯이 가져왔다.

"커뮤니케이션 강의에 쓰시는 자료에요?"

동료는 팀 커뮤니케이션 전담 강사였다. 그가 말했다.

"집비둘기 이야기는 정말 멋지죠? 한 번 내뱉은 비난이나 불평이 언젠가는 집비둘기처럼 우리 자신에게 되돌아온다는 얘기잖아요. 저도 강의 때 가끔 인용하는 표현인데 정말 맞는 말이죠."

무심코 자기 생각을 말하는 동료의 이야기를 들으며 바로는 그 자리에 얼어붙은 듯 서서 그림을 다시 바라보았다. 동료는 자기가 걸어 놓은 출력물이 다 나오자 용지를 챙기고 있었다.

'집비둘기가 비난이나 불평이라고?'

자리로 돌아와 앉으며 바로는 들릴 듯 말 듯한 혼잣말로 동료의 말을 되풀이해 보았다. 그리고 보니 세 치 혀에 대한 언급과 집비둘기와의 연결 고리를 짐작할 수 있을 것 같았다. 문제에 나오는 R과 A로 시작하는 두 단어는 분명 이 화살표와 깊은 상관이 있을 것이다.

"이번 주 중으로 집을 빼 달라는 주인의 내용 증명이에요."

아내는 서글픈 눈빛으로 편지를 건넸다.

"월세가 얼마나 밀린 거지?"

바로는 파도처럼 덮쳐 오는 여러 상황들에 분노가 치밀어 오르는 것을 간신히 억제하며 아내에게 물었다.

"벌써 4개월째에요. 주인도 할 만큼 했죠. 어떡하죠? 더구나 이번 주에 갚아야 할 사채 원리금만 4백이 넘어요."

뒷목이 다시 뻐근해지며 온몸에 피로가 느껴졌다.

"어머니는?"

"며칠째 아무 말씀도 없으세요. 어제 당신이 고함을 지르는 바람에 혈압이 더 높아지신 것 같아요."

바로는 멍한 표정으로 아내를 바라보았다. 한참 후 그가 무언가를 말하려고 하는 순간 점점 얼굴이 붉어지면서 표정이 이

상하게 변하기 시작했다.

"윽.. 음.. 으릇.."

마치 입덧을 하는 임산부처럼 그는 입을 손으로 막으며 고통스러워했다.

"왜 그래요, 여보. 네?"

선영은 생전 처음 보는 남편의 행동에 놀라 어쩔 줄 몰라 했다. 바로는 손사래를 치며 화장실로 다급하게 들어갔다.

'지난번 연수원에서와 똑같은 증상이 나타났어.'

목 안이 뜨끔하면서 혀가 뻣뻣하게 굳어지더니 말이 나오질 않았다. 몇 번을 다시 시도해 보아도 결과는 마찬가지였다. 아무 말도 할 수 없었다. 욕실 거울에 비친 바로의 눈동자는 충혈돼 있었다. 마음속에 먹구름이 몰려왔다. 두 번이나 나타난 이 증상은 그에게 더 이상 중국행에 대해 고민할 필요가 없음을 암시하는 징조 같기도 했다.

몸과 마음이 한없이 괴로워진 바로는 세면대에 찬물을 받은 후 얼굴을 파묻고 숨을 참을 수 있을 때까지 버텼다. 온갖 원망이 마음을 헤집고 들었다.

'왜 하필이면 나에게 이런 현상이 온 걸까? 왜 하필이면 지금? 세 치 혀를 잘못 놀리는 인간들이 주위에 얼마나 많은데 왜 나에게만 이런 시련이 닥치는 걸까……'

더 이상 견딜 수 없게 되자 바로는 얼굴을 들고 숨을 가쁘게 몰아쉬었다. 그제서야 겨우 혀끝에 쓴 느낌이 들면서 조금씩 발성 기능이 회복되기 시작했다.

'결국 그 수밖에는 탈출구가 없는 것일까?'

그날 밤 바로는 아내에게 그동안 벌어졌던 모든 일들을 털어놓았다. 회사에는 명예퇴직을 신청할 생각이며 지급되는 퇴직금과 위로금을 보태 급한 사채와 월세 등을 해결하겠다고 말했다. 아내는 말없이 듣고 있다가 딱 한마디를 되물었다.

"만일 유산을 받는 데 실패하면 우리는 어떻게 되는 거죠?"

바로는 정곡을 찔러 오는 아내에게 버럭 소리를 질렀다.

"퇴직금에서 저당 잡힌 것을 공제하고 받게 되면 그 돈으로 고리 사채를 절반쯤은 정리하고 그 후 몇 달은 버틸 수 있을 거야. 당신은 아무것도 걱정 마. 그동안 다른 일자리를 찾을 테니. 내가 식구들 굶겨 죽일까 봐 그래?"

무릎 위에 고개를 묻고 있던 선영이 고개를 들어 올리며 또박또박 말했다.

"당신이 미국에서 움직일 경비도 일단 거기에서 빼야겠죠."

그녀는 바로가 아직 결정을 내리지 못했던 미국행에 대해 먼저 이야기를 꺼냈다.

"호랑이를 잡으려면 호랑이 굴로 들어가야죠. 한국에서 아무리 머리를 굴려도 그 문제를 풀기란 쉽지 않은 일이겠어요. 저도 이곳에서 최대한 도울게요. 당신은 지금 당장 미국행 티켓을 예약하도록 해요."

선영은 남편의 흔들리는 눈빛을 똑바로 쳐다보며 한마디를 덧붙였다.

"무슨 일이 있어도 꼭 그 문제를 풀어내요."

드림쿠션의 비밀을 찾아서

"드림쿠션에서 개발한 R스펀지의 시장 규모는 상상을 초월할 정도였어.
매트리스, 방석, 소파나 침대의 쿠션, 자동차의 시트, 수많은 의자들,
거실의 카우치, 심지어는 구두 깔창 등 인간의 몸이 직접 닿는 부분이면
그 어디나 탄력과 복원력이 필요하기 마련이거든.
R스펀지는 최고의 쿠션 물질이 되었던 거야."

만료된 비자

새벽부터 내리던 진눈깨비가 날이 밝아 오기 시작하면서 부슬비로 바뀌더니 이제는 폭우가 되어 서울 전역에 쏟아지고 있었다. 지난밤, 이틀 연속 잠을 이루지 못한 바로는 밤새 아내와 많은 이야기를 나누었다. 지난 몇 년 동안 단 한 번도 마음이 담긴 대화를 나누지 못했던 그들이었다. 아내는 그동안 바로의 가시 돋친 말 때문에 가족들이 얼마나 많은 상처를 받았는지 담담하게 말해 주었다.

"나는 얼마든지 견딜 수 있지만 아이들은 뭐에요? 왜 어린애들까지 당신이 쏟아 내는 독화살을 맞아야 하느냐고요?"

아내는 그동안 억눌러 왔던 속마음을 밤새 쏟아 냈다. 바로는 아무 대꾸도 하지 않은 채 그 이야기들을 묵묵히 듣기만 했다. 울다가 졸다가 그렇게 한 밤을 지새운 두 사람은 자신들이 선택한 이 마지막 외줄타기에서 반드시 성공하리라 다짐하며 아침을 맞았다.

빌라 현관을 나서자마자 빗물이 튀어 양복 바짓단을 적셔 버렸다. 겨우 차에 올라탄 바로는 손수건을 꺼내 얼굴과 이마에 묻은 빗물을 닦았다. 사방은 어두컴컴했다. 이미 7시 40분이 다 되어 가고 있었지만, 폭우 때문인지 한밤중 같은 어둠이 아직도 걷히지 않고 있었다. 바로는 실내등을 켜고 서류 가방을 열었다.

지난밤 회사 인트라넷에서 다운 받아 아내가 보는 앞에서 꼼꼼히 작성한 명예퇴직 신청서 2부가 맨 앞에 보였다. 가방의 안쪽 칸막이 면에는 미국행 티켓을 구입하기 위해 필요한 여권이 꽂혀 있었다. 큰 싸움에 임하는 장수가 자신의 무기를 챙기듯 바로는 결연한 표정으로 서류 가방을 닫고 차의 시동을 걸었다.

"티켓 발급이 안 된다니요?"

바로는 벌떡 일어나 카운터로 뛰어갔다. 아셈타워와 연결되어 있는 인터컨티넨탈 호텔에 소재한 AK 전담 여행사였다. 지금 당장이라도 출발할 수 있으니 가장 빠른 좌석을 구해 달라고 간곡히 부탁한 지 불과 3분도 지나지 않아서였다.

"고객님. 죄송합니다만, 발권을 위해 여권을 확인하다가 문제가 발견되었어요."

여직원은 바로의 여권을 이리저리 넘기더니 미국 비자가 포스팅되어 있는 페이지를 펴면서 말했다.

"비자가 만료된 지 이미 3개월이 지났더군요. 급하시면 빨리 서둘러 재발급을 받으시는 수밖에 없겠네요."

여권을 받아 든 바로는 소파에 털썩 몸을 묻고 천장을 바라보았다. 지난 몇 년 동안 미국에 다녀올 일이 없어서 이 문제는 생각지도 못했던 것이었다. 명백한 자신의 잘못인데도 바로는 원망의 화살을 날려 보낼 대상을 떠올리기 시작했다.

'2년씩이나 본사 출장에 나를 배제시킨 것은 바로 강 차장이지. 빌어먹을 인간 때문에 또 한 번 발목을 잡히게 됐군.'

창백해진 바로는 정수기 옆에 떨어져 있는 종이컵을 발로 걸어찼다. 컵이 벽에 부딪치는 소리가 실내에 울려 퍼지자 몇몇 손님들과 여행사 직원들이 수군거리며 바로를 쳐다보았다. 씩씩거리며 한참 동안 자리에 앉아 분을 삭이던 바로는 카운터로 다시 걸어가 신경질적으로 물었다.

"가장 빠르게 미국 비자를 다시 받으려면 도대체 며칠이나 걸리는 거요?"

직원은 못마땅한 표정으로 데스크로 걸어가 몇 마디를 나누었다. 카운터에 돌아온 그녀는 벽에 걸린 디지털시계를 바라보더니 말했다.

"지금이 오전 11시 20분이니까 오전 중으로 신청을 넣으면 8일 정도가 소요됩니다. 어떻게 하시겠습니까?"

"8일씩이나요?"

바로는 다시 핸드폰을 열어 보았다. 대기화면에 입력해 둔 D-day기능은 벌써 D-18일로 넘어가 있었다. 여기서 8일을 빼라고 하면 기한이 10일로 줄어든다.

열흘. 미국까지 이동하는 데 하루, 귀국하는 데 하루. 결국 미국에서 움직일 수 있는 시간은 불과 6~7일 정도라는 계산이 나온다. 한시가 급했다.

"알겠어요. 그럼 지금 바로 절차를 밟아 주세요."

준비할 서류 목록을 받아 든 바로는 빗속을 뚫고 뛰어다니며 비자 접수에 필요한 증빙 자료들을 모았다. 순식간에 8일을 날리게 된 그는 당황하기 시작했다. 무거운 몸을 이끌고 집에 돌아왔을 때는 9시가 넘어 있었다.

이틀이나 잠을 제대로 자지 못했던 바로는 집에 들어서자마자 옷도 갈아입지 않은 채 이불도 깔지 않은 방바닥에 쓰러지듯 누웠다.

깜짝 놀라 눈을 떠 보았다. 주위는 온통 고요했다. 아이들의 이 가는 소리가 멀리서 뽀도독거리며 들려왔다.

'독 묻은 화살.'

바로는 가슴을 쓸어내렸다. 지난밤 정신없이 곯아떨어진 후 사방에서 독 묻은 화살이 자신에게 날아오는 악몽에 시달렸기 때문이었다. 조심스럽게 이불에서 빠져나온 바로는 벽에 등을 기댄 채 아내를 바라보았다. 가늘게 숨소리를 내며 잠들어 있었다.

사방에서 날아오던 그 독화살들을 자신은 저 여인에게, 건넌방의 조그만 아이들에게 쏘아 댔다는 생각이 들었다. 아이들이 뽀드득거리며 이를 갈아 대는 소리가 마치 자신을 향한 무언의 시위처럼 느껴졌다.

바로는 자신의 마음이 메마른 논바닥처럼 쩍쩍 갈라져 있다는 생각이 들었다. 황폐한 마음은 결국 말로써 다른 이들에게 상처를 주기 마련이다. 바로의 마음 역시 황폐하고 굳어 있어 조금만 거슬리는 상황이 되면 자기도 모르는 사이에 독화살을 날렸던 것이다.

의도와는 달리 그런 상황이 닥치면 통제가 불가능했다. 바로는 자신의 내면을 움직이는 장치에 커다란 결함이 생긴 것 같다

는 생각을 했다. 비록 자신의 이름처럼 '바로' 반응을 쏘아 대
는 것은 어릴 적부터의 고질적 습성이라 해도 요즘은 문제가 심
각하다는 것을 스스로도 느낄 수 있었다. 착잡한 마음에 눈을
감았다.

　그의 머릿속에 다시 알파벳 R과 A 그리고 y가 맴돌기 시작
했다. 흑백으로 나뉜 사각상자에 화살표 하나. 대칭된 형태로
그려진 다른 하나의 화살표. 그것들이 날아다니다가 갑자기 독
화살이 되어 자신에게 날아오는 듯한 착각이 들었다. 핸드폰을
꺼내 시간을 확인해 보았다. 새벽 4시를 막 넘기고 있었다. 바
로는 심한 갈증을 느꼈다.

　어두컴컴한 실내를 조심조심 더듬으며 주방 쪽으로 걸음을
옮겼다. 방문을 조용히 닫고 주방으로 돌아서던 바로는 소스라
치게 놀랐다. 시커먼 그림자 하나가 주방 싱크대 아래쪽에 웅크
리고 있었기 때문이었다.

　바로는 그림자에서 느껴지는 가느다란 떨림을 감지하고서야
비로소 어머니가 엎드려 기도하고 계신 모습임을 깨달았다. 잠
시 머뭇거리던 그는 방해가 되지 않도록 조심스럽게 냉장고로
걸어가 물병을 꺼냈다.

　기도 중이라 생각했던 어머니가 뜻밖에 바로에게 말을 건넸다.

"불 좀 켜 보거라. 잠깐 얘기 좀 하자."

물을 마시던 바로는 갑작스런 어머니의 말에 사레가 들려 헛기침을 연거푸 해댄 후에야 겨우 자리에 앉을 수 있었다. 주방은 두 사람이 마주 앉자 꽉 차는 느낌이 들었다. 불규칙한 숨소리가 새벽공기를 가르며 거칠게 들려왔다. 한동안 아무 말도 하지 않던 어머니가 말을 꺼냈다.

"에미에게 대충 얘기 들었다. 네가 떠나기 전에 알아 둬야 할 몇 가지 사실을 일러 줘야 할 것 같다."

어머니는 한기를 느낀 듯 몸을 떨었다. 주방 조명에 비친 이마의 주름이 며칠 새 훨씬 더 늘어난 것처럼 보였다. 그녀는 허리춤에 손을 넣어 부스럭거리더니 무언가를 꺼내 바로에게 내밀었다.

"네 할아버지의 기사가 실린 영문 잡지다. 20년도 넘은 내용일 거다."

혈압이 다시 오르는지 어머니는 이마에 손을 짚었다.

"좀 어지럽구나."

바로는 어머니를 번쩍 안아 문간방으로 걸음을 옮겼다. 깡마른 체구는 깃털처럼 가벼웠다. 바로는 울컥했다. 어머니를 자리에 눕히고, 두툼한 이불을 덮어 드렸다. 무릎을 꿇고 어머니의 곁에 앉아 있는 바로에게 어머니는 손을 내밀었다. 어머니의 손은 얼음처럼 차가웠다.

"미국에서 네 할아버지로부터 여러 번 연락이 왔었지만 네 아버지에게서 받은 상처가 너무 깊어 벽을 쌓고 살았었다. 그러다 미국에서 낯선 사람이 찾아왔는데 백발이 성성한 신사였다. 할아버지와 가까운 사이라고 하더구나. 아까 네게 준 잡지도 실은 그 사람이 가져다 준 것이었다. 그 사람은 할아버지가 우리를 찾고 있고, 돕겠다고 했지만 나는 네 아버지와 관련된 사실이 알려져 어린 너에게 상처를 주게 될까 두려워 연락하지 말라고 매몰차게 말했다. 그 후로도 네 할아버지는 여러 번 도움을 주겠다고 연락했지만 너 하나는 내 힘으로 키울 수 있다며 거절했다."

어머니는 거기까지 말한 뒤 큰 한숨을 내쉬더니, 이내 잔기침을 심하게 했다. 바로는 더 이상 어머니에게 말을 하게 했다가는 큰일 나겠다는 생각이 들었다.

"이제 제발 아무 말씀 마시고 눈 좀 붙이세요, 어머니."

바로는 꺼져 가는 불꽃처럼 잦아드는 어머니의 숨소리를 들으며 곁에 앉아 있었다. 머릿속에는 계속 화살표와 R과 A 그리고 y 세 문자가 둥둥 떠다녔다.

할아버지, 프란시스 한

　천지를 뒤흔드는 폭발 소리가 들렸다. 깜짝 놀라 몸을 일으
킨 바로는 주위를 두리번거렸다. 어머니 방 귀퉁이에 조그맣게
달린 환기창이 번쩍이는 것이 보였다.

　'벼락이 아주 가까운 곳에 떨어진 모양이군.'

　장승백이 쪽이나 한강 둔치 쪽에 벼락이 떨어졌을 것이다.
어머니 곁에서 깜빡 잠이 든 모양이었다. 벼락 소리에 놀란 가
슴을 진정하고 보니 온몸에 식은땀이 흐르고 있었다. 샤워를 하
기 위해 어머니 방을 살그머니 나왔다.

　"탁탁 탁탁……."

　아내는 주방에서 마늘을 다지고 있었다. 구수하게 끓는 된장

찌개 냄새가 좁은 집 안에 가득했다. 말을 건넬까 망설이던 바로는 그냥 욕실로 걸음을 옮겼다. 샤워기 물을 살짝 틀어 보았다. 가스 중단 사건 이후 바로는 미리 수도꼭지를 틀어 뜨거운 물이 나오는 것을 확인하고서야 샤워를 시작했다. 샤워를 시작하자 몸에 뜨거운 열기가 퍼지면서 기분 좋은 느낌이 세포 전체에 퍼졌다.

'내일이면 퇴직금과 위로금이 나오겠지. 샴푸부터 하나 장만해야겠어.'

비누로 머리를 박박 문질러 거품을 낸 바로는 천천히 손가락 끝으로 두피를 문지르며 생각에 잠겼다.

'오늘이 벌써 금요일. D-17일이다. 비자가 나오는 것이 다음주 수요일 저녁이랬으니 무슨 일이 있어도 목요일 첫 비행기를 타야 하는 거야.'

한결 상쾌해진 기분으로 욕실을 나왔다. 베란다 밖으로 보이는 상도동 골목길은 쏟아지는 폭우로 이미 엉망이 되어 있었다. 간간이 천둥소리와 멀리서 번쩍이는 번개의 섬광이 미묘하게 긴장된 분위기를 빚어내고 있었다.

아내가 정성껏 끓여 준 된장찌개와 밥을 먹는 둥 마는 둥 몇 번 휘젓기만 한 바로는 아이들이 깨어나 칭얼대는 소리가 집 안에 울리자 새벽에 전해 받은 영문 잡지와 노트북을 가방에 넣고 서둘러 집을 빠져나왔다.

폭우 때문인지 커피숍에는 거의 손님이 없었다. 단풍나무로 바닥이 꾸며진 실내에는 경쾌한 발레곡이 흘러나오고 있었다. 바로는 키 작은 바리스타에게 무뚝뚝한 표정으로 주문을 했다.

"화이트 초콜릿 모카. 아, 생수도 한 병."

남자는 한 번 방긋 웃더니 날렵한 솜씨로 초록색 로고가 선명하게 찍힌 커다란 컵에 모카를 담아냈다. 창가의 구석진 곳에 자리를 잡은 바로는 진한 커피 향을 음미하며 먼저 생수를 한 모금 마셨다.

'뉴스위크……. 아시안 – 아메리칸 CEO 특집이라.'

할아버지에 관한 기사는 25년 전에 작성된 것이었다. 1980년대 후반, 그러니까 바로가 10대를 막 지날 무렵에 할아버지는 미국 경제계에서 주목을 받는 이방인이었던 것이다.

'Francis I. Han.'

기사에 소개된 할아버지의 미국식 이름은 프란시스였다. '한인중'으로 검색해서 아무 정보도 찾을 수 없었던 이유를 비로소 알게 되었다. 할아버지의 기사는 몇 컷의 흑백 사진과 회사 전경 등이 실려 4페이지였다. 바로는 긴장된 마음으로 기사를 읽어 내려갔다.

프란시스 한은 맨손으로 미국에 건너와 거대 기업을 일구어 낸 입지전적 인물이다. 여느 아시아계 이민자들과 다름없이 비행기표한 장과 몇 백 달러의 현찰을 쥐고 미국에 들어왔다.

이민 초기, 그는 새벽에는 청과물 시장으로, 밤에는 건물 청소부로 하루 20시간 이상의 중노동을 견뎌 가며 수만 달러의 사업 자금을 마련, 침대에 들어가는 스프링과 부속품을 만드는 작은 공장을 설립했다.

이민자들로 이루어진 공장 직원들은 그의 탁월한 경영 능력에 힘입어 성실하고 유능하게 일했고, 업계의 신뢰를 얻은 그는 조금씩스프링 사업을 키워 나갔다.

5년 만에 '프란시스 스프링'이라는 법인을 설립해 2.4mm 경강선 소재 6회전 더블 옵셋 스프링을 개발하는 데 성공한 프란시스는 멕시코에 첫 공장을 세웠고, 인디애나 주 사우스벤드에 소규모 신소재 연구소를 설립해 운영 중이다.

다음은 프란시스 한 회장과의 인터뷰 내용이다.

지난주에 뉴욕 증권거래소에 프란시스 스프링을 상장하셨더군요. 축하드립니다. 그동안 수많은 고생 끝에 이런 개가를 이루어 내셨는데 지금

까지 가장 힘든 일은 무엇이었습니까?

한 회장_ 글쎄요. 어렵지 않은 날은 단 하루도 없었지요. 하지만 이제는 매일 저에게 화살처럼 날아드는 어려움들을 오히려 즐거운 마음으로 막아 내기도 하고 피하기도 합니다. 제게 주어진 일을 기쁘게 헤쳐 가는 법을 터득했다고나 할까요?

주위 분들의 이야기를 들어 보면, 회장님은 어떤 사건을 겪으신 후에 삶이 극적으로 바뀌었다는 이야기들을 합니다. 직접 소개해 주시겠습니까?

한 회장_ 10년 전에 충격적인 사고를 겪었습니다. 그 후 견딜 수 없는 고통이 이어졌지요. 1년 동안을 그렇게 폐인처럼 방황하다 보니, 초창기 프란시스 스프링 회사는 거의 도산 직전의 위기에 몰리게 되었습니다. 그때 저를 수렁에서 건져 준 소중한 친구가 있습니다. 이름을 밝힐 수는 없지만, 저는 그 친구의 고마움을 평생 잊을 수가 없습니다.

그렇다면, 그 친구분 덕에 재기에 성공해 오늘의 프란시스 스프링을 일구었다는 말씀이시네요. 혹 그 밖에 다른 성공의 비결이 있었다면 어떤 점일까요?

여기까지 읽은 바로는 다시 커피를 한 모금 마시려고 했다. 하지만 커피는 이미 바닥난 지 오래였다. 주위를 둘러보니 매장 안은 어느새 사람들로 북적이고, 폭우도 가느다란 보슬비로 바뀌어 있었다. 목이 탄 바로는 생수를 다시 한 모금 들이켰다. 마음이 급해졌다. 다행히 매장 내에는 무선 인터넷 시스템이 잘 갖추어져 있어서 검색 시스템에 접속할 수 있었다.

바로는 즉시 'Francis I. Han president'를 입력해보았다. 놀랍게도 이번에는 수백 건의 웹 문서가 검색되었다. 빠르게 제목을 훑어보았다. 가장 최근의 문서들은 주로 할아버지의 부고를 다룬 내용들이었다. 「뉴욕타임스」를 비롯 「시카고트리뷴」, 「워싱턴포스트」 등 미국 내 굴지의 신문들이 할아버지의 사망 기사를 몇 줄씩 할애해 비중 있게 다루고 있었다.

몇 페이지를 건너뛰어 클릭하자 25년 전의 「뉴스위크」 기사와 현재를 이어 주는 연결 고리와도 같은 수백 건의 기사들이 올라와 있었다.

'미국으로 출발하기 전에 이 문서들을 철저하게 파헤치는 것이 가장 시급한 과제야!'

그는 깊은 안도의 한숨을 내쉬었다. 섣불리 미국으로 출발했더라면 이런 소중한 단서들을 얻을 수 없었을 것이다. 서둘러 가방을 챙겼다.

R스펀지의 실체

"1995년에 프란시스 스프링 법인을 매각하고 드림쿠션 인스티튜트라는 새로운 연구소를 세우셨네요!"

아내가 먼저 소리치듯 말했다. 아내와 PC방에서 출력해 온 자료를 나누어 단서가 될 만한 요소들을 모조리 검토하던 중이었다.

"여기 이 자료를 좀 보세요. R스펀지라는 것은 도대체 뭘까요?"

아내가 넘겨준 자료를 받아 읽던 바로의 눈이 반짝였다. 선영은 주방 벽에 걸린 시계를 보았다. 어느새 새벽 1시였다. 한 시간 정도 더 자료를 뒤적이던 바로가 내용을 설명하기 시작했다.

"할아버지는 뉴욕 증시에 상장할 만큼 견실한 회사를 세웠어. 하지만 초창기에는 부인과 아들을 비참한 사고로 잃고 엄청난 고통을 겪으셨지."

바로는 자신이 그토록 원망하던 아버지의 죽음에 생각의 끈이 닿자 몸서리를 치듯 고개를 세차게 흔들었다.

"괜찮아요, 여보?"

잠시 아무 말 없던 바로가 다시 입을 열었다.

"1년 동안의 방황이 계속될 때 누군가가 할아버지에게 도움을 주었어. 그런데 아무리 자료를 뒤져 봐도 그 도움을 준 사람에 대한 어떤 암시도 찾아낼 수가 없어."

"R스펀지는 도대체 무슨 얘기일까요?"

허탈한 표정을 짓던 바로는 선영의 질문에 다시 마음을 가다듬는 듯한 모습을 보였다. 그는 사진과 그래프가 복잡하게 섞여 있는 논문의 한 페이지를 펼쳐 아내에게 보여 주었다.

"이게 바로 R스펀지의 실체야."

선영은 사진을 자세히 들여다보더니 고개를 갸웃거렸다.

"글쎄요. 실물을 보면 어떨지 모르겠지만, 그냥 사진으로 보기에는 일반 스펀지와 큰 차이가 나지 않는데요."

"아직 더 조사를 해봐야 하겠지만, R스펀지는 놀라우리 만큼 탁월한 충격 흡수력과 탄력 그리고 완벽한 복원력을 가진 첨

단 소재로 만들어졌어."

시계는 벌써 새벽 3시로 넘어가고 있었다. 일찍 저녁 식사를 마친 후 주방 바닥에 앉아 자료를 검토하기 시작했던 두 사람은 심한 피로감을 느꼈다. 소파나 제대로 된 식탁 하나 없이 그렇게 방바닥에서 밥상을 펴 놓고 생활해 온 게 벌써 2년이 넘었다. 이런 자세로 몇 시간을 앉아 있다 보면 다리가 쑤시고 허리가 저려오는 것은 어쩔 수 없었다. 선영이 기지개를 켜며 농담처럼 웃으면서 말했다.

"그 R스펀지로 만든 쿠션이 지금 하나 있다면 얼마나 좋을까?"

바로의 눈이 반짝였다.

"당신이 정곡을 찔렀어. 드림쿠션에서 개발한 R스펀지의 시장 규모는 상상을 초월할 정도였어. 매트리스, 방석, 소파나 침대의 쿠션, 자동차의 시트, 수많은 의자들, 거실의 카우치, 심지어는 구두 깔창 등 사람의 몸이 직접 닿는 부분이면 그 어디나 탄력과 복원력이 필요하기 마련이거든. R스펀지는 최고의 쿠션 물질이 되었던 거야."

아내는 고개를 끄덕이며 신중하게 입을 뗐다.

"여보. 문제에 등장하는 R로 시작하는 단어와 이 사진 속의 저 하얀색의 R스펀지는 어떤 관계가 있을 거라는 직감이 들어요."

바로와 선영은 잠시 서로의 눈을 바라보았다. 그녀가 한마디 덧붙였다.

"할아버지를 수렁에서 건져 준 인물을 찾아내는 것도 아주 중요한 일이겠죠?"

번개를 동반한 폭우가 도시 전체를 집어삼킬 듯이 쏟아지고 있었다.

두 번째 힌트

하늘은 짙은 회색 구름이 아주 낮게 깔려 있어 금방이라도 비를 토해 낼 것 같은 분위기였다. 2월도 마지막 하루를 남겨 놓고 있었다. 승용차가 올림픽대로에 진입한 후 직진 코스에 접어들자 바로는 조심스럽게 핸드폰을 열어 보았다.

D-11일 2시간 40분.

1분 1초가 흐르는 것이 마치 자신의 몸에서 피가 조금씩 새어나가는 것 같았다.

"출판사 일 때문에 그래요?"

　선영이 바로의 굳은 표정을 읽고 슬며시 물어 보았다. 바로는 대답하지 않고 묵묵히 차를 몰았다. 표정은 차갑게 굳어 있었고 냉랭한 분위기가 차 안을 휩감았다. 바로는 이 모든 것이 이틀 전 도착한 두 번째 힌트 메일 때문이라는 생각에 휩싸여 있었다. 머릿속이 복잡했다.

　"시카고 공항에 도착하면 지혜 언니 부부가 당신을 맞으러 나올 거예요. 출발 후에 제가 확인 전화 넣기로 했어요."

　불길한 느낌에 계속 시달리던 바로는 급기야 아내의 반복되는 채근이 견디기 힘들어졌다. 바로는 돌연 고함을 질렀다.

　"거 왜 자꾸 쓸데없는 짓을 하고 그래. 몇 번을 말해야 알겠어? 나 혼자 처리할 수 있다고 했잖아. 이런 일에 당신 선배 부부를 왜 끌어들이냐고! 분명히 경고해 두지만 선배의 도움 따위는 필요 없어! 당장 연락해서 나올 필요 없다고 전해!"

　자라가 몸속으로 머리를 집어넣듯, 선영은 반사적으로 한껏 몸을 움츠렸다. 바로는 지난 며칠 동안 시간이 흘러가는 것이 몹시 초조했다. 출국 준비에 정신없이 오락가락하다가 급기야 수요일 저녁인 어제는 출판사 편집장과의 약속도 까맣게 잊어버려 펑크 냈던 것이다. 게다가 바로는 돌이킬 수 없는 실수를 저지르고 말았다. 그의 불성실한 태도를 점잖게 나무라는 편집장에게 벌컥 화를 내며 전화를 끊어 버렸던 것이다.

선영은 이 모든 상황들이 견딜 수 없을 만큼 불안했다. 공항 청사에 진입하자 조금씩 빗방울이 떨어지기 시작했다. 선영은 비를 맞으면서 차 문 앞에 서서 바로가 시야에서 사라질 때까지 손을 흔들어 주었다. 하지만 바로는 단 한 번도 뒤를 돌아보지 않고 카트에 짐 가방을 실은 뒤 청사 안으로 냉정하게 사라져 버렸다.

7번 게이트 앞에 앉아 탁 트인 창밖을 내다보던 바로의 마음은 다시 어두워지기 시작했다.

'분명히 환경오염 때문이야. 한겨울에 이렇게 며칠째 비가 쏟아지다니.'

폭우로 모든 항공기는 택싱 라이트와 랜딩기어에 장착된 착륙 등을 모두 켠 상태로 움직이고 있었다. 활주로에도 야간 조명등이 모두 들어오기 시작했다. 급기야 천둥소리가 들리더니 멀리 서해안 쪽으로 번개가 쳤다.

출국이 지연되지 않을까 불안해진 바로는 창 쪽으로 바짝 다가가서 항공기의 이착륙 상태를 살펴보았다. 바람이 심하거나 안개가 짙게 낀 것은 아니어서 비행기가 조심스럽게 활주로를 향해 하강하는 모습이 보였다. 다행이었다. 비행기는 분명히 뜰 것이다.

다행히 창 쪽 좌석이 배정되어 있었다. 자리를 잡고 코트를 벗어 선반에 얹으면서 보니 옆 좌석에 금발의 꼬마와 엄마가 통로 쪽 좌석에 자리를 잡고 있었다. 꼬마는 자리에 앉자마자 닌텐도를 꺼내 게임에 빠져들었다. 바로는 노트북과 자료 뭉치들을 가방에서 꺼내 앞 좌석 포켓에 노트북을 넣어 두고, 두 번째 힌트를 프린트한 자료를 펼쳤다.

첫 번째와 구조는 비슷했지만 매우 다른 느낌을 주는 묘한 그림이었다. 지난 화요일 이 그림을 보았을 때, 바로는 왠지 모

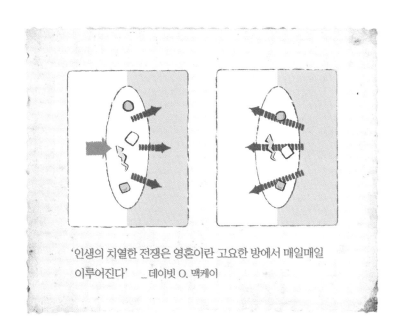

'인생의 치열한 전쟁은 영혼이란 고요한 방에서 매일매일 이루어진다' _데이빗 O. 맥케이

를 불편함이 마음속에서 피어나는 것을 느낄 수 있었다.

빌어먹을 화살표가 항상 문제였다. 왼쪽의 흰색 네모와 오른쪽의 검은색 네모 사이에 타원형으로 생긴 공간이 보였고 그 공간 내부에는 몇 가지 아이콘들이 삽입되어 있었다.

왼쪽에서 시작된 굵은 화살표는 타원형 공간을 찌르는 모양이었고, 공간 내부에 존재하는 여러 아이콘들에 부딪혀 오른쪽 네모 쪽에 세 갈래 점선 화살표로 분산되고 있었다. 오른편의 그림은 정반대의 모양을 하고 있었다. 첫 번째 힌트의 화살표 그림이 복잡하게 변형된 그림임을 쉽게 짐작할 수 있었다.

"인생의 가장 치열한 전쟁은 영혼이란 고요한 방에서 매일 매일 이루어진다."

이미 수백 번도 더 머릿속에서 반복했던 구절이었다. 잠시 눈을 감고 있을 때, 기내 방송이 흘러나왔다. 기장이었다.

"승객 여러분, 안녕하십니까? 저는 여러분을 모시고 도쿄 나리타 공항까지 비행할 조종사 우석준이라고 합니다. 창밖에 비가 많이 쏟아지고 있습니다. 하지만 비행에는 전혀 지장이 없는 날씨입니다."

기장의 말을 비웃기라도 하듯, 갑자기 "꽈르릉" 하는 굉음과 동시에 번개의 섬광이 아주 가까운 곳에서 느껴졌다. 방송을 하던 기장도 깜짝 놀랐는지 잠시 말이 없었다.

"어이쿠! 오늘은 날씨가 아주 고약하군요. 이륙할 때 약간의 난기류가 예상됩니다. 벨트를 단단히 매 주시기 바랍니다."

천둥·번개 위의 고요한 하늘

바로는 자신의 좌석 벨트를 다시 한 번 점검했다. 창밖에는 번개와 천둥이 반복되었다. 쏟아지는 빗줄기가 손가락만큼이나 굵어 보였다. 엄청난 비였다. 이런 날씨에도 이륙이 가능하다는 것이 신기할 따름이었다.

멀리서 천둥소리가 대포소리처럼 다시 들려왔다. 바로는 다시 두 번째 힌트 그림에 집중하기 위해 마음의 초점을 한군데로 모으려 노력했다. 하지만 쉽지 않았다. 옆자리의 꼬마 녀석이 닌텐도 게임기를 조작하는 소리가 유난히 거슬렸다. 꼬마는 비록 이어폰을 끼고 있었지만, 이어폰 사이로 흘러나오는 게임 소리와 녀석이 가끔씩 지르는 탄성과 환호, 바삐 손가락으로 버튼을 눌러 대는 소리가 바로의 영혼을 긁어 대고 있었다.

바로는 아이의 한 칸 옆에 앉아 있는 젊은 여인에게 잠시 눈길을 주었다. 그녀는 의자에 몸을 묻고 눈을 감고 있었다.

'아이는 정신없이 떠들어 대고, 엄마는 잠만 자는군.'

바로는 한숨을 쉬며 고개를 절레절레 흔들었다. 문득 이상한 느낌이 들어 다시 여인 쪽으로 시선을 옮겼다. 자세히 보니 그녀는 눈물을 흘리고 있었다. 이를 꽉 깨물고 있는 모양이었다. 어금니 쪽이 불룩불룩 움직였다.

복잡하고 우울한 마음에 낯선 여인의 눈물은 더욱 부담이 되었다. 눈이나 붙여야겠다고 생각하고 좌석 포켓에 힌트 그림을 던져 넣은 후 바로는 눈을 감았다. 창가에 빗방울이 부딪히는 소리가 요란하게 들렸다. 그 소리는 답답한 가슴을 두드리는 것 같았다. 여인의 눈물을 보자 떠나올 때 아내에게 너무 못되게 굴지는 않았던가 하는 생각이 들었다. 바로는 고개를 흔들었다.

'집사람은 다 이해해 줄 거야. 내가 요즘 얼마나 힘든지는 잘 알 테니까.'

늘 그래 왔듯, 바로는 이번에도 자기 편한 대로 생각을 마무리했다. 자신이 그런 나약한 생각이나 하고 있다는 사실에 어색해진 바로는 앞 좌석 뒤편에 설치된 작은 모니터에서 승무원이 항공기 안전 수칙에 대해 말하는 모습을 물끄러미 바라보았다.

그 순간 얼마 전까지 기업체에서 해 왔던 자신의 강의 모습이 떠올랐다. 말쑥하게 양복을 차려입고 연갈색의 밝은 톤 넥타이를 매고 바로는 힘있게 강의했다.

"여러분. 우리가 사용하는 언어는 다른 사람들의 삶에 내재된 숨어 있는 향기를 불러내는 가장 강력한 수단입니다. 우리가 사용하는 언어에는 마법의 힘이 있습니다. 우리가 밝고 긍정적인 언어를 사용하면, 그 언어를 듣는 사람의 삶에 긍정적인 향기가 피어오르게 됩니다. 그 향기는 삶을 변화시킬 수 있을 만큼 강력한 것입니다. 또한 이런 경험은 더불어 우리 자신의 삶에도 긍정적인 향기를 불러 일으키게 됩니다."

바로는 자신이 불과 2주 전까지만 해도 사람들 앞에서 그런 말을 했다는 것이 스스로도 믿기 어려웠다.

'야, 한바로. 너는 네 혀도 제대로 다스리지 못하면서 사람들에게는 밝고 긍정적인 언어를 사용하라고 한단 말이야? 좀 웃기지 않니?'

바로는 자꾸만 약한 생각에 사로잡히는 자신의 상태가 못내 괴로웠다. 눈을 한 번 더 질끈 감았다. 하지만 그의 마음속에는 아주 커다란 음성이 또렷하게 울려오고 있었다.

'너는 그동안 자신을 속여 온 거야. 남들에게는 긍정적으로 생각하자, 긍정적인 말을 해라, 부정적인 언어는 아름다운 정원을 해치는 잡초 같은 것이다, 이렇게 떠들어대 놓고, 정작 너는 가정에서 아내와 아이들에게 심지어 어머니에게 온갖 부정적인 말들을 너무도 쉽게 내뱉는 이중적인 인간이잖아!'

마음속에 또 다른 변명이 크게 들려왔다.

'그래, 그게 어쨌다는 거야? 이 세상에 완벽한 사람은 없어. 난 지금 너무 힘든 상태야. 나에게 쏟아지는 이 수많은 독화살들 때문에 내가 그렇게 되었다는 것은 너도 잘 알잖아? 날 좀 가만히 내버려 뒀으면 좋겠어. 언젠가 이 모든 상황이 나아지면, 나도 절대 그런 삶을 살지는 않을 거란 말이야. 모든 것은 상황 탓이라고!'

한동안 꼼짝 않고 서 있던 비행기가 흔들리기 시작했다. 바로는 눈을 뜨고 창밖을 내다보았다. 드디어 비행기가 이륙하기 위해 오른쪽으로 크게 회전하며 활주로에서 올라서는 것을 느낄 수 있었다. 살며시 고개를 돌려 옆 좌석의 여인을 바라보았다. 여전히 눈을 감은 채 소리 없이 울고 있었다.

'저 여인의 영혼에도 심각한 전쟁이 진행 중인 게야.'

어쩌면 두 번째 그림의 타원 안에 들어 있는 여러 모양의 아이콘들은 내면에서 벌어지고 있는 수많은 영혼의 전쟁을 통해 우리에게 남겨진 상처들이 아닐까 하는 생각이 바로의 머리를 스치고 지나갔다. 비행기가 굉음을 내며 앞으로 내달리기 시작했다. 몸이 의자 등받이 쪽으로 쏠렸다.

진한 향이 느껴졌다. 아주 익숙하고 달콤한 향기였다. 이륙하는 순간 깜빡 잠이 들었던 바로는, 이륙 후 안정 고도에 접어들자 승무원들이 음료 서빙을 시작하며 기내에 퍼진 커피 향에 눈을 떴다. 커피 향을 맡으니 더욱 커피가 간절해졌다.

기체가 오른쪽으로 서서히 선회하기 시작하면서 바로의 반대편 좌석 창문을 통해 강한 햇살이 실내에 퍼지기 시작했다. 눈을 제대로 뜰 수 없을 정도로 강한 직사광선이었다. 바로는 눈을 찡그리며 고개를 돌려 오른쪽 창밖을 내다보았다. 저만치 아래는 눈부시게 하얀 뭉게구름의 바다가 끝도 없이 펼쳐져 있었다. 바로는 눈을 들어 하늘을 바라보았다. 지금껏 살아온 날들 중 이토록 눈부시게 아름다운 하늘을 본 일이 있었을까 싶을 정도로, 짙푸른 코발트 빛 하늘이 거기에 있었다.

폭우를 뚫고 올라온 비행기 창에는 아직도 물기가 잔뜩 서려 있었다. 하지만 지상에서와는 달리 그 물기는 거의 수평 방향으로 가늘게 떨리며 수천 갈래의 실오라기 모습으로 흩어지는 중이었다. 그때 옆 좌석에 닌텐도 금발 녀석이 소리를 질렀다.

"Mom, Look over there! It's rainbow!"

바로는 창밖을 이리저리 둘러보았다. 정말 무지개가 있었다. 날개 너머에 동그란 모양의 완벽한 원으로 만들어진 무지개가 떠 있었다. 지상에서 보는 무지개와 공중에서 보는 무지개는 그 모양이 완전히 달랐다. 바로는 미소를 띤 채 금발 녀석과 눈길을 교환했다. 옆 좌석의 여인의 표정에서도 우울함이 서서히 빠져 나가고 있음을 느낄 수 있었다.

'구름 저 아래의 세계와 구름 위의 세계가 이토록 다르다니……'

찬란하게 빛나는 태양과 눈부시도록 하얀 구름의 바다, 그리고 내면의 모든 고통을 빨아들이기라도 할 듯 시리게 푸르른 저 하늘은 새로운 감동으로 그를 사로잡았다. 점점 멀어져 가는 무지개를 보면서 바로의 마음속에 한 단어가 떠올랐다.

'Rainbow.'

그러고 보니 무지개도 R로 시작되는 단어 중 하나가 아니던가? 하지만 조금 전까지만 해도 그토록 퍼붓던 비.

'Rain.'

비도 마찬가지였다. 바로는 이제 티켓에 찍혀 있던 Round-trip 이라는 표기만 보아도 가슴이 쿵쾅거렸고 빨간색이 있는 곳에서는 언제나 Red가 머릿속에서 맴돌았다.

R로 시작되는 그 수많은 단어들 가운데 과연 무엇이 화살표로 가득한 두 개의 그림을 설명할 수 있을 것인가에 골몰했지만, 적당한 선택을 할 수가 없었다. 해결책은 오직 한 가지. 어머니를 찾아왔다던 그 비서라는 사람을 찾아내야만 했다.

마음의 쿠션을 키우는
첫 번째 지혜

자극과 반응 그 틈새에는
새로운 가능성의 공간이 있다

◻ 삶에서 객관적인 사실은 10%에 불과하고 나머지 90%는 그 일에 대한 자신의 반응이다. 우리는 상황에 대해 자신의 반응을 선택할 자유를 가진 존재이다.

◻ 자극과 반응 사이의 공간에서 우리의 선택이 이루어진다.

◻ 자극과 반응 사이의 공간을 발견하지 못한 사람은 상황에 떠밀려 만성적인 수동성에 길들여진 채 주어진 자극에 반사적으로 반응하며 살아간다.

◻ 반면에 선택할 자유를 발견한 사람은 불쾌하거나 절망스러운 상황이 닥쳤을 때에도 선택을 통해 그 상황을 주도할 수 있다.

영혼의 방에서 벌어지는 싸움

3장

"할아버지는 어떤 문제가 닥쳐와도,
어떤 어려움이 몰려와도 그 문제에 휩쓸리는 법이 없었다네.
마치 남의 일처럼, 그 문제 밖으로 자신을 분리시켜
한 단계 위로 자신을 끌어올렸지."

시카고 드림쿠션 사를 방문하다

　새들이 지저귀는 소리가 어디선가 청아하게 들려왔다. 바로는 푹신한 침대에 누워 멀리서 들려오는 새소리에 귀를 기울였다. 뻐꾸기 소리가 참새들의 지저귐 사이사이로 한 번씩 들려왔다. 그러더니 다시 비둘기가 "구구구……" 하면서 푸덕거리며 날아가는 소리도 들렸다. 떠지지 않는 눈을 비벼 가면서 힘겹게 고개를 들었다.

　'몇 시간이나 잔 것일까?'

　바로는 침대 옆 탁자에 두었던 손목시계를 더듬어 보았다. 아침 9시 30분! 바로는 자리에서 벌떡 몸을 일으켰다. 하지만 무언가 석연치 않았다. 창밖은 아직도 캄캄했기 때문이다. 손을 뻗어 스탠드의 불을 켜자 은은한 빛이 방을 환하게 밝혀 주었다. 사방을 둘러보았다.

낯선 방이었다. 바닥에는 갈색 카펫이 깔렸고, 벽은 크림색으로 잘 칠해져 있었다. 아! 침대. 얼마 만에 포근한 침대에서 깊은 잠을 잤던 것일까? 2년 만이다. 바로는 그제서야 자신이 시카고의 호텔 방에서 하룻밤을 보냈다는 것을 깨달았다. 다시 손목시계로 눈길을 보냈다.

"한국 시간을 아직도 이곳 시간으로 바꾸어 놓지 않았군."

바로는 로밍 신청이 되어 있는 핸드폰을 열어 지금 현지 시각이 새벽 6시 30분이라는 것을 확인했다. 목이 말랐다. 오늘부터 본격적으로 할아버지의 흔적을 되짚어 R과 A 그리고 y의 비밀을 풀어야 했다. 서둘러 옷을 갈아입고 인터넷 접속이 가능한 비즈니스 센터로 걸음을 옮겼다.

두려움 반, 기대감 반으로 노트북을 켰다. 편지함에 몇 통의 메일들이 쌓여 있었다. 아내의 메일이 맨 마지막에 도착해 있었다. 놀랍게도 제목에는 달랑 점만 세 개가 찍혀 있었다. 뚫어지게 세 개의 점들을 바라보던 바로는 그 점들이 마치 아내의 노크 소리처럼 느껴졌다.

"똑! 똑! 똑!"

머리를 한 번 흔든 뒤 바로는 제목을 클릭했다. 메일은 R자로 시작되는 단어들로 **빽빽**하게 메워져 있었다.

문제의 출제 의도에 조금이라도 부합될 확률이 있는 단어들만
추려 뽑은 모양이었다. 하지만 메일 어디에도 한글로 된 사연이나
안부는 찾아볼 수 없었다. 마음 한편에 섭섭함이 스며 왔다.

RABBIT	RACE	RADIATION	RADIO
RAIL	RAILROAD	RAIN	RAINBOW
RAISE	RAISED	RAKE	RAN
RANGE	RANK	RAPID	RAPIDLY
RARE	RARELY	RAT	RATE
RATES	RATHER	RATIO	RAW
RAY	RAZOR	REACH	REACHED
REACTION	READ	READER	READERS
READING	READS	READY	REAGENT
REAL	REALITY	REALIZE	REALLY
REASON	REASONABLE	REASONS	RECEIPT
RECEIVE	RECEIVED	RECEIVER	RECENT

......

RECOGNIZE	RECOMMEND	RECORD	RECORDS
RECOVERY	RECTANGLE	RECURRING	RED
REDDEN	REDUCE	REDUCED	

......

로비에 비치된 커피와 베이글로 아침을 간단히 때운 바로는 서둘러 시카고 다운타운으로 향했다. 할아버지가 왜 유산 상속을 위한 로펌을 락포드로 결정했는지 이해할 것 같았다. 드림쿠션의 본사는 존 행콕 센터 안에 함께 입주해 있었고 드림쿠션의 모든 법률적인 문제들은 락포드가 전담했던 것이다.

차를 임대하여 시카고의 고층빌딩 숲으로 향했다.

'저기 왼쪽에 보이는 건물이 바로 존 행콕 센터다!'

두 개의 뿔처럼 탑이 우뚝 솟은 건물이 나타나자 바로의 가슴이 두근거리기 시작했다. 짙은 코발트색 외관, X자 형태의 철골구조 무늬가 건물 외벽에 각인되어 있는 100층짜리 빌딩.

43층까지가 사무실로 사용되고 있으며 92층까지는 상류층들이 사용하는 고급 맨션으로 구성되어 있다고 했다. 고층으로 올라가면서 유선형으로 좁아지는 형상으로 설계된 존 행콕 센터는 할아버지의 비밀을 간직한 채, 웅장한 위용으로 바로의 앞에 거대하게 버티고 서 있었다.

"죄송합니다만, 2주 전에 미리 면담 예약을 하지 않으시면 5분도 틈을 내기 어려우십니다. 설령 한국의 대통령이 갑자기 찾아온다 해도 쉽지 않은 일입니다."

자신이 전임 회장 프란시스 한의 손자라는 설명에도 불구하고 비서는 유머를 섞어 가며 완곡하게 거절했다. 더구나 현 회장도 집무실에 있지 않았다. 난감해 하는 바로에게 비서는 혹시라도 도움이 될지 모르겠다면서 38층의 홍보팀장을 만나 보라고 제안했다.

서둘러 38층으로 내려갔다. 하지만 기대는 곧 실망으로 바뀌고 말았다. 팀장은 오전부터 외근이며 바깥일을 마무리하고 바로 퇴근할 예정이라는 것이었다. 팀원들은 모두 새파랗게 젊은 친구들이었다. 할아버지 이름을 대자 어깨를 으쓱할 뿐, 자신들은 아무것도 아는 바가 없다는 표정이었다.

홍보팀원 중에서 가장 연장자로 보이는 라틴계 여성에게 물어 보았다.

"이 회사에서 가장 오래 근무한 사람을 알아봐 주시겠어요?"

그녀는 팀원들에게 스페인 억양이 톡톡 튀는 영어로 떠들어댔다. 그러자 팀원 중에 한 사람이 아는 척을 했다. 그녀는 자리에 돌아가 무언

가를 뒤적거리더니 이내
바로에게로 왔다. 그녀는
웃으며 사진 한 장을 건네
주면서 말했다.

"작년 성탄절 파티예요.
하인즈와 제가 함께 찍은 사
진이 있어서 참고가 될 것 같
아 드려요. 하지만 어쩌죠?
우리 회사에서 가장 오래 근
무했던 하인즈 씨는 작년 연말
에 퇴직하셨어요. 저에게 연락
처가 있답니다. 사진 뒷면에 써
두었어요."

그녀는 미안해 어쩔 줄
모르는 표정을 지었
다. 친절하게 챙겨
주는 태도가 썩 놀
라웠다. 이곳 드림쿠
션의 분위기는 묘했
다. 굉장히 자유분

방한 듯 보이면서도 어떤 질서가 이면에 흐르는 것 같았다.

기업 강의로 잔뼈가 굵은 바로는 사무실 분위기만 훑어보아도 대략 이 회사의 미래를 예측할 수 있는데, 이 회사의 분위기는 신비롭다고 표현할 수밖에 없었다.

'그나마 수확이 없진 않았군.'

바로는 38층의 넓디넓은 사무 공간을 잠시 둘러보았다. 한쪽 벽면에 커다란 스펀지 그림이 눈에 확 들어왔다.

'R스펀지다.'

바로는 아직도 무언가 도울 일이라도 없나 싶은 표정으로 옆에 서 있는 라틴계 여직원에게 말을 걸었다.

"저게 R스펀지인가요?"

그녀는 당연하다는 듯 어깨를 으쓱하며 웃었다.

"혹시 R스펀지에서 R자가 의미하는 바가 뭔지 알려 주실 수 있어요?"

예상과는 달리 그녀는 이렇게 말했다.

"제가 알기로는 프란시스 창업자가 붙인 거라고만 들었어요. 그래서 우리는 편하게 'Record 스펀지'라고 부르기도 해요. 이 분야의 신기록을 많이 갈아치웠거든요. 하지만 그 덕에 우리 일거리가 쏟아질 때는 원망하는 말투로 'Rain 스펀지'라고 놀리기도 하죠."

　실망스러운 대답이었다. 바로는 서둘러 하인즈라는 퇴직자를 찾아 할아버지와 가깝게 지낸 사람이 누구인지 알아보는 것이 빠르겠다는 판단이 들었다.

　드림쿠션을 나와 혼자 있을 공간을 찾았다. 96층 라운지로 올라가기 위해서는 오히려 아래로 내려가야만 했다. 지하 1층의 플라자에서 전망층의 입장권을 끊은 후 초고속 엘리베이터를 갈아타야 했기 때문이다. 바로는 핸드폰을 열어 시간을 확인해 보았다. 벌써 12시 20분이었다. 점심시간인 탓에 엘리베이터는 초만원이었다.

　엘리베이터는 투명한 전망 창을 설치해 앞이 확 트인 구조였다. 사람들을 가득 태운 엘리베이터는 순식간에 하늘로 솟구치듯 올라갔다. 마치 로켓을 탄 기분이었다. 1층에서 94층까지 이동하는 데 불과 39초밖에 걸리지 않는다고 스피커에서 안내하고 있었다.

　전망 창 밖으로 바다처럼 탁 트인 미시간 호수의 짙푸른 물결과 시카고 다운타운의 초고층 빌딩들이 내뿜는 도시의 에너지가 묘한 조화를 이루고 있었다. 94층의 전망대에서 엘리베이터를 내린 후 바로는 잘 꾸며진 계단을 따라 96층의 라운지로 걸음을 옮겼다.

실내에는 잔잔한 음악이 흐르고 있었다. 라운지 역시 4면의 벽이 모두 통유리로 되어 있어 시카고의 전망이 동서남북으로 그림처럼 펼쳐져 환상적인 분위기를 연출했다. 바로는 어느 쪽에 자리를 잡을까 고민하며 넓은 홀을 이리저리 둘러보았다. 미시간 호수가 바로 옆으로 내려다보이는 동쪽 창가가 좋을 것 같았다.

자리를 잡으러 가고 있을 때 그의 옆을 스치며 두 남자가 카운터 쪽으로 바쁘게 걸어갔다. 바로는 무언가 섬뜩한 느낌이 들었다. 창가 자리에 앉은 바로는 카운터 쪽을 돌아보았다. 계산을 이미 마친 듯 두 남자는 자리를 뜨고 없었다. 바로는 재빨리 자리에서 일어나 카운터 뒤의 계단 쪽으로 달렸다.

이미 두 사람은 95층을 지나 94층 엘리베이터 쪽으로 빠르게 걸어가고 있었다.

'누굴까? 분명히 내가 아는 사람인데.'

바로는 잠깐을 망설이다가 조심스럽게 계단을 따라 내려갔다. 두 사람의 얼굴을 다시 한 번 확인해 볼 생각이었다. 95층에서 94층으로 내려가는 계단의 중간 정도에서 바로는 엘리베이터 앞에 서 있는 두 사람의 옆모습을 확인할 수 있었다. 바로는 심장이 멎을 것 같은 충격을 받았다. 다니엘 그린 변호사와 한위로였다.

불과 며칠 전 근엄한 표정으로 유산 문제를 다루던 다니엘 그린 변호사는 지금 한위로와 다정하게 서 있는 현재의 그와는 전혀 다른 사람 같았다. 두 사람은 다시 한 번 웃음을 터뜨리면서 서로의 어깨를 두드리고 있었다. 바로의 등줄기로 기분 나쁜 전율이 흘렀다.

'저건 말도 안 되는 일이야!'

분노가 치밀어 올라 어떻게 대처해야 할지 망설이는 동안 두 사람은 지체 없이 엘리베이터에 몸을 실었고, 초고속 엘리베이터는 관광객들을 가득 태운 채 스르르 문이 닫히고 말았다.

열리지 않는 문

　존 행콕 센터에서 한위로와 그린 변호사를 목격한 후 충격에 사로잡힌 바로는 오후 내내 칵테일 한 잔을 시켜놓고 하인즈와의 통화를 시도했다. 열 번 넘게 전화한 끝에 간신히 하인즈와 통화가 되었다. 하인즈는 할아버지에 대해 알고 싶은 것이 있다면 비서였던 그레고리를 만나는 것이 제일 빠른 길이라고 했고 그레고리는 시카고에서 동쪽으로 1시간 정도 떨어진 인디애나 주의 사우스벤드에 살고 있다고 했다.

　늦은 밤 사우스벤드에 도착한 바로는 슈퍼에이트(Super 8) 모텔에 투숙했다. 마음속으로 수십 번을 망설이다가 그는 결국 한위로의 핸드폰 번호를 눌렀다. 낮의 일에 대해 단단히 따질 생각이었다. 바로의 마음속에는 먹구름이 순식간에 몰려들었고, 이내 천둥과 번개를 동반한 폭우가 쏟아지기 시작했다.

두 사람은 전화로 30분 이상을 격렬하게 싸웠다. 한위로는 보기와 달리 지독한 면이 있었다. 바로에게 결코 굽히지 않고 영어와 서툰 우리말을 섞어 가면서 반격했다. 두 사람은 건널 수 없는 다리를 건넜고 위태롭게 버티던 다리는 그날 밤 폭삭 주저앉아 계곡 아래로 무너져 내렸다.

새벽에 눈을 뜨자마자 바로는 이를 꽉 깨문 채 웹 전화번호부에서 '사우스벤드'의 '그레고리' 목록을 다운받아 아침부터 목이 다 쉬도록 전화를 해댔다. 하루 종일 걸릴지도 모른다는 예상을 뒤엎고 바로는 놀랍게도 3시간 만에 그가 찾던 그레고리와의 통화에 성공할 수 있었다.

그러나 역시 세상은 녹록지 않았다. 할아버지의 비서였다는 그레고리는 기억하고 싶지 않을 정도로 퉁명스러웠을 뿐 아니라, 어딘가 당황하는 눈치가 역력했다.

"나는 당신을 만나고 싶은 마음이 별로 없소이다."

이 한마디로 끝이었다. 결코 이렇게 물러설 수는 없는 노릇이었다. 바로는 옐로우페이지에 나온 그레고리 K. 스미스의 주소를 네비게이션에 입력했다.

네비게이션이 안내해 준 종착점은 강 건너로 노트르담 대학이 한눈에 내려다보이는, 숲으로 둘러싸인 아름다운 저택이었다. 고색창연한 캠퍼스를 자랑하는 사우스벤드의 노트르담은 일요일 오후라 적막하기 이를 데 없었다. 간간이 들려오는 새들의 지저귐이 유일한 소리였다. 흐르는 강물은 천천히 저택을 휘감듯 돌아 캠퍼스 외곽으로 빠져나가고 있었다.

바로는 숨을 크게 한 번 들이쉰 다음 초인종을 눌렀다. 아무런 반응이 없었다. 바로는 저택을 다시 한 번 훑어보았다. 화강암 벽돌로 지어진 건물은 100년은 족히 된 듯 보였고, 담쟁이 덩굴이 휘감고 있어서 주변의 풍광과도 기막히게 어울렸다.

할아버지는 초창기부터 드림쿠션의 전 직원들에게 자신의 주식을 적절하게 분배해 주었고, 그 결과 회사의 설립 주역들은 은퇴할 무렵 수백에서 수천만 달러의 가치를 갖는 주식을 보유하게 되었다. 그레고리의 저택은 할아버지의 저력을 피부로 느끼게 해 주는 하나의 증거였다.

잠시 후, 현관문이 열리면서 40대 후반쯤으로 보이는 정장 차림의 신사가 나타났다. 그레고리의 집사라고 했다.

바로는 배가 몹시 고팠다. 생각해 보니, 어젯밤 이후로 아무

것도 먹지 못한 채 지금까지 버텨 왔던 것이다. 집사는 바로를 최대한 정중하게 대했지만 그렇다고 그레고리가 당장 모습을 나타낸 것은 아니었다.

바로는 양복 안주머니에서 문제가 인쇄된 종이와 만년필을 꺼냈다. 한국에서 출발할 때부터 이 문제지를 수십 장 복사해 가져온 그는 틈날 때마다 R자 옆의 빈 공간에 생각나는 단어들을 적어 보곤 했다. 그는 이렇게 큼직하게 써 보았다.

그레고리의 거실에서 할아버지의 숨결을 느껴 보려 최대한 애쓰면서 바로는 문제지 아래쪽에 쓰인 'The Secret of Mental Cushion'이라는 문구를 다시 들여다보았다.

'마음 쿠션의 비밀.'

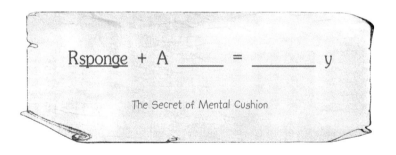

$$Rsponge + A \underline{\quad\quad} = \underline{\quad\quad\quad} y$$

The Secret of Mental Cushion

할아버지는 마음 쿠션이라는 개념을 성공과 행복의 비밀로 간주하고 있는 것이 분명했다. 다시 한 번 정리해보자. 할아버지는 인류가 개발한 최고의 쿠션 물질인 R스펀지를 개발하는데 성공했다. 그런데 문제에서는 왜 마음 쿠션이라고 표현했을까? 아무리 생각해 보아도 R로 시작되는 첫 번째 단어는 분명히 쿠션의 내면을 이루는 R스펀지에서 기인했을 확률이 높았다. 그러나 무모한 도박은 절대 금물이었다. 한 글자라도 틀리면 막대한 유산이 공중으로 날아가 버린다.

'완전한 정답이라는 확신이 들 때까지는 그 무엇도 안심할 수 없는 상황이야.'

물 한 잔도 내오지 않던 집사가 10분쯤 지나자 모습을 드러냈다.

"그레고리 스미스 씨께서는 선생님을 만나실 의향이 없다고 이미 말씀하셨다는군요. 그만 돌아가 주셔야겠습니다."

바로는 어지러웠다. 허기와 갈증 때문이기도 했지만, 도무지 열리지 않을 것 같은 그레고리의 냉담함이 그를 뒤흔들고 있었기 때문이었다.

"저는 프란시스 한 회장님의 친손자입니다. 할아버지의 유언 때문에 확인할 것이 있어서 한국에서 이렇게 멀리 찾아왔는데 1시간, 아니 30분이라도 시간을 내주실 수 없을지 한 번만 더 여쭤봐 주십시오. 이렇게 간곡히 부탁드립니다."

바로는 애틋한 표정으로 집사에게 매달렸다. 하지만 그는 요지부동이었다. 냉정하고 차가운 얼굴로 바로를 쳐다본 후, 현관으로 뚜벅뚜벅 걸어가 문을 활짝 열었다.

"나가시는 문은 이쪽입니다."

바로와 집사는 무려 1시간 동안을 그 자세로 버텼다. 바로는 소파에서 꼼짝도 하지 않았고, 집사 역시 바로를 쏘아보면서 1시간 동안 현관문에 우뚝 서서 문고리를 잡고 서 있었다. 지난밤 한위로와 격전을 치렀던 바로는 또 한차례 집사와의 대치 상황을 겪으며 풀코스를 완주한 마라토너처럼 기력이 다 빠져 버린 상태가 되었다. 눈이 몹시 따끔거리며 아파 왔다. 더 이상 집사를 쏘아볼 수 있는 몸 상태가 아니었다.

'이건 미친 짓이야. 다른 방법을 찾아야만 해. 더 이상 이 자리에서 내가 얻을 것은 없어.'

이렇게 생각을 정리한 바로는 견딜 수 없는 소외감과 비참함에 사로잡혀 결국 자리에서 일어서고 말았다. 힘없이 현관을 나서는 바로의 뒤에 대고 집사가 한마디를 내뱉듯 말했다.

"프란시스 회장님의 친손자 분은 이미 1주일 전에 이곳을 다녀갔습니다. 거짓은 결코 통할 수 없습니다. 부디 진실하게 살아가길 바랍니다."

현관문이 쾅 닫혔다.

닫혀 버린 문에 등을 기댄 바로는 온몸의 에너지가 순식간에 증발하는 것을 느꼈다. 다리에 힘이 빠져 후들거렸다. 속이 메스꺼워지면서 토할 것만 같았다. 서둘러 현관 앞에 쪼그리고 앉았다. 그래도 견딜 수 없이 몸이 떨려 오자 바로는 현관을 등지고 그대로 털썩 주저앉고 말았다.

오후의 태양은 여전히 찬란하게 빛나며 바로를 내려다보고 있었고, 넓디넓은 저택의 잔디는 푸르렀다. 하지만 바로의 영혼은 꺼져 가는 촛불처럼 사그라지고 있었다. 어젯밤 한위로에게 전화를 걸어 변호사와의 개인적인 만남에 대해 항의했을 때 그가 했던 끔찍한 말이 바로의 귀에 다시 울려 대기 시작했다.

"아버지를 돌아가시게 한 것은 한바로 당신의 어머니였어! 아버지는 당신 어머니와의 끔찍한 결혼 생활 때문에 폐인이 된 거래. 당신 그런 것도 몰랐었나?"

갑자기 눈앞이 하얗게 변하면서 세상이 빙글빙글 돌기 시작하는 것처럼 보였다.

"쿵."

바로는 그대로 쓰러져 바닥에 버려진 짐승처럼 나뒹굴고 말았다. 온몸이 나른해지면서 잠이 한없이 쏟아졌다.

고단한 삶

지진이 일어난 것처럼 좌석 트레이가 부들부들 떨렸다. 바로는 재빨리 노트북이 상하지 않도록 집어 들었다. 잠시 흔들림이 가라앉는 것 같더니, 채 10초도 지나지 않아 이번에는 얼굴이 심하게 떨릴 만큼 비행기 전체가 진동했다.

창밖을 내다보았다. 멀리서 번개가 동시에 서너 군데서 번쩍였다.

"악!"

승객들을 진정시키며 오가던 여승무원 하나가 비명을 지르며 통로 앞으로 고꾸라졌다. 기체가 곤두박질치듯 급격히 기울었기 때문이다. 무서운 기세로 하강하던 기체가 갑자기 이번에는 위쪽으로 튀어 올랐다. 비행기는 한 번도 들어 보지 못한 굉음을 내고 있었다. 마치 야생동물이 죽음을 앞두고 울부짖는 소리 같았다. 여기저기서 구토하는 사람들이 보였다. 기내는 비명 소리로 가득했다.

바로는 허탈하기 그지없었다. 인천공항에 무사히 도착만 하면 거액의 유산을 거머쥘 수 있는데, 비행기는 일본 상공을 지나 동해 쪽으로 접어들면서 엄청난 난기류에 휘말려 돌고래 쇼를 하는 중이었다. 이를 악물고 눈을 질끈 감았다. 온몸은 사우나에 들어온 것처럼 땀으로 범벅이 된 지 오래였다.

"우르릉.. 우릉.. 쾅!"

소리가 나더니 갑자기 온 세상이 캄캄해지면서 순식간에 사방이 고요해졌다.

'바다 속으로 빠져 버린 것일까?'

두려운 침묵만 계속되었다. 바로는 더 이상 공포 때문에 눈을 감고 있을 수 없었다. 세상에 태어나 처음 눈을 뜨는 신생아처럼, 바로는 그렇게 자신의 눈을 천천히 열었다. 빛이 눈으로 쏟아져 들어왔다. 통증이 느껴졌다.

다시 눈을 감았다. 그제서야 바로의 귀에 세상의 소리들이 들려오기 시작했다. 두런두런 몇 사람이 자기 주위를 둘러싸고 있다는 느낌이 들었다.

'여기가 어디지?'

바로는 눈을 감은 채 발가락을 움직여 보았다. 발가락은 두 뇌가 내리는 명령을 착실히 수행했다. 무릎을 살짝 구부려 보았다. 아무런 이상이 없었다. 손가락도 별 무리 없이 움직여졌다. 마지막으로 조심스럽게 눈을 다시 떠 보았다.

병실이었다. 왼쪽 팔뚝에는 굵은 주사 바늘로 수액이 흘러들고 있었고 코에는 산소호흡기가 끼워져 있었다. 오른쪽으로 고개를 돌리자 백발이 성성하고 얼굴이 붉은 키 작은 노인 한 사람이 흑인 여의사와 무언가 심각한 이야기를 주고받고 있었다. 문가에 낯익은 사람이 한 명 보였다. 그레고리의 집사였다. 그는 고개를 떨구고, 발바닥으로 병실 바닥을 비벼 대고 있었다. 다시 졸음이 몰려왔다. 세상이 뿌옇게 흐려지기 시작했다.

얼마나 더 잠들었던 것일까? 창밖은 캄캄했다. 바로는 아직도 자신의 팔뚝에 링거가 꽂혀 있는 것을 발견했다.

"자네가 프란시스 회장의 친손자 한바로 맞지?"

깜짝 놀라 고개를 오른쪽으로 돌렸다. 붉은 얼굴의 그 노인이 자상한 눈빛으로 자신을 내려다보며 영어가 아닌 우리말로 이야기하고 있었다.

"하마터면 큰일 날 뻔했지. 일요일 저녁마다 그레고리 영감하고 붙는 포커게임이 아니었으면 자넨 밤새 그렇게 방치되었을지도 몰랐네. 심각한 쇼크에 빠져 들고 있었어. 빨리 발견했기에 천만다행이었던 거야."

그제서야 바로는 자신이 그레고리의 저택 앞에서 쓰러졌던 기억이 났다. 수십 가지의 궁금증이 한꺼번에 머릿속에서 뒤엉키면서 바로는 무슨 말부터 시작해야 할지 몰랐다.

'도대체 몇 시간이나 지났길래……'

노인에게 시간을 묻기 위해 바로가 입을 열었다.

"뭐라고? 지금 무어라고 말했나?"

노인이 말을 알아듣지 못했다. 바로는 좀 더 큰 소리로 물었다. 하지만 노인은 마치 방음 유리 창밖에 서 있는 사람처럼 바로의 말을 알아듣지 못한다는 듯 어깨를 들썩였다.

바로는 자신에게 다시 언어 마비 현상이 일어났다는 것을 깨달았다. 입속, 혀의 깊은 뿌리 쪽이 아려 왔다. 문자 메모를 전달하기 위해 오른손으로 침대 옆 탁자를 더듬어 핸드폰을 집어 들었다. 하지만 핸드폰은 꺼져 있었다. 배터리가 방전된 모양이었다.

'저 노인은 도대체 누구길래 내가 프란시스 회장의 친손자인 것을 믿어 주는 걸까?'

바로는 소통하고 싶어 견딜 수 없었다. 움직일 수 있는 오른

팔과 손가락을 최대한 꼼지락거려 메모지와 펜을 부탁한다는 뜻을 전달했다. 노인은 금방 알아차렸다. 잠시 나갔다가 편지지를 들고 왔다. 바로는 급하게 몇 자 휘갈겨 썼다.

"어떻게 된 일인지 설명 좀 부탁합니다. 도대체 누구신지요?"

노인은 빙긋이 웃으며 말했다.

"자네는 어쩌면 그렇게 할아버지를 쏙 빼닮았나? 스트레스가 오니까 언어 마비 현상이 일어나는 것마저 똑같으면. 궁금한 게 많을 테지? 하지만 오늘은 그냥 푹 자 두라고. 지금 월요일 저녁이야. 오늘 밤만 푹 쉬면 내일부터는 정상적으로 이야기를 나눌 수 있을 걸세. 하루만 더 참도록 해."

노인의 말이 끝나자마자 신기하게도 다시 졸음이 몰려왔다.

극적인 만남

　다음 날. 노인의 집은 마치 작은 박물관에 한옥의 내부를 그대로 옮겨 놓은 듯한 착각을 불러일으킬 정도로 한국식이었다. 곳곳에 아름다운 도자기와 서예 작품들이 잘 배치되어 있었고 한옥의 격자형 무늬를 연상케 하는 거실의 통유리로 오전의 햇살이 폭포수처럼 쏟아져 들어왔다. 앞 정원의 푸른 잔디에 비친 반사광이 마치 초록색 안개처럼 거실에 피어올라 신비한 분위기마저 느껴졌다.

　부인은 점심으로 한 상 가득 한정식을 차려 냈다. 구수한 된장찌개는 물론이고, 파김치, 싱싱한 굴 무침과 미역국 그리고 두부조림과 호박나물까지 정갈한 종지에 담겨 있었고, 커다란 조기까지 보였다.

지난 며칠 동안 죽으로 버텨 온 바로는 싱싱한 음식들을 보자 입맛이 돌았다. 노인은 흐뭇한 표정으로 바로를 보며 말했다.

"자네가 궁금해 하던 것들을 하나씩 풀어가 보도록 하세."

바로는 윤기가 흐르는 흰 쌀밥을 한 숟가락 떠서 입에 넣고 된장찌개를 맛보았다. 온몸의 신경세포가 새롭게 깨어나기 시작했다. 몸과 마음이 빠르게 회복되는 듯한 기분이 들었다.

노부부는 호기심 어린 눈빛으로 바로의 먹는 모습을 섬세하게 살폈다. 5분 정도 정신없이 음식을 먹던 바로는 물 한 잔을 들이킨 후, 긴 숨을 내쉬고 노인을 바라보았다.

"그러니까, 어르신께서 할아버지의 가장 친한 친구셨던 민 박사님이라는 거죠?"

노인 부부는 말 없이 환한 웃음으로 대답했다. 부인이 남편을 바라보며 낮은 목소리로 이야기했다.

"정말 어쩜 저렇게 프란시스와 꼭 같죠? 말투나 음식 먹는 버릇까지 닮았어요."

동영상에서 보았던 할아버지가 바로 자신과 비슷하다는 생각은 한 번도 해본 적이 없었다. 하지만 기분 나쁘진 않았다. 지금은 은퇴한 상태지만 민 박사는 한때 미국신경정신의학협회 인디애나 지부장을 지낸 베테랑 의사였다. 할아버지와 친구라고는 하지만 그의 나이는 프란시스보다 열 살 정도 아래였다. 70대 후반이라지만 도무지 믿기지 않을 만큼 건강해 보였다.

"자네 할아버지에 대해 몇 가지 말해 주지. 무슨 일 때문에 자네가 그레고리의 집 현관 앞에 쓰러져 있었는지는 모르겠네. 하지만 프란시스도 아주 오래전 어느 날, 우리 집 앞에 그렇게 쓰러졌던 적이 있었어. 그 이야기부터 하도록 하지."

식사를 마친 세 사람은 거실로 옮겨 푹신한 소파에 앉아 이야기를 계속했다. 거실은 대청마루 같은 분위기에 입식 가구들이 절묘하게 배치된 단아한 공간이었다. 부인이 내온 전통 수정과를 마시며 바로는 이야기에 귀를 기울였다.

"그날이 자네의 친부와 할머니 두 사람을 동시에 잃고 난 지 3개월이 지난 때였어."

바로의 마음에 번개가 두 번 번쩍였다. 그는 아버지 이야기가 등장하는 대목에서는 언제나 견딜 수 없는 괴로움을 느꼈다. 더욱이 며칠 전 아버지 죽음을 자신의 어머니 탓으로 돌리던 한 위로의 목소리가 귀에 쟁쟁하게 울렸기 때문이었다.

"그 아픔이 너무 지독해서 프란시스는 늘 눈물과 술로 나날을 보냈다네. 더 이상 견딜 수 없는 괴로움에 자살까지 결심했지. 하지만 끝내 자살을 결행하지 못한 그는 퍼붓는 빗속을 정신 없이 걸어 20마일이나 떨어진 우리 집까지 와서 쓰러졌던 것일세."

그때의 기억이 생생하게 떠오르는 듯 민 박사는 고개를 천천히 가로저으며 말했다.

"그날 이후 아내와 나는 프란시스가 그 질곡을 빠져나올 수 있도록 최선을 다했지."

곁에서 조용히 수정과를 음미하고 있던 부인이 허공을 바라보며 그때를 추억하듯 말했다.

"옛 성현 중 누군가 그랬지요. 하늘이 어떤 사람에게 큰일을 맡기려 명을 내리려면 반드시 먼저 그의 마음을 괴롭히고, 그의 살과 뼈를 지치게 만들고, 그의 육신을 주려 마르게 하고, 그의 생활을 궁핍하게 해서 하는 일마다 그가 성취하고자 하는 바와 어긋나게 만든다고요."

"하지만 그가 모든 고통을 이겨 내었을 때, 그때 비로소 하늘이 그에게 큰일을 맡긴다고 했지. 맹자의 말이야."

바로는 두 사람의 이야기를 듣기만 하다가 한 가지를 물었다.

"할아버지께서는 결국 그 어려움을 극복하셨겠죠? 어떻게 새 출발을 하게 되셨는지 궁금하네요."

박사는 천천히 일어나 안으로 들어갔다. 잠시 후 그는 파일 하나를 들고 소파로 돌아왔다.

그는 파일을 뒤적이더니 종이 한 장을 꺼내 바로에게 보여
주었다.

"그에게 2년 정도의 시간이 필요했네. 여기 이 그림이 프란
시스가 변화되는 과정을 도식화해본 그림이야. 이해할 수 있겠
나?"

바로는 자기 앞에 펼쳐진 그림을 보고 깜짝 놀랐다.

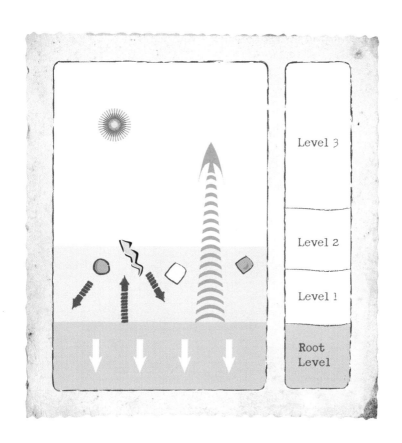

두 번째 힌트 메일에서 보았던 아이콘들이 똑같이 사용되고 있었다. 이 그림에서는 구조가 상하로 나누어진 것이 달랐다. 아래쪽에 회색지역이 있었고, 점선 화살표는 오르락내리락 하는 반면 굵고 검은 화살표는 위로 치솟아 있었다. 그리고 위쪽 공간은 넓었고 밝게 빛나는 노란 동그라미가 있었다.

바로의 심장이 쿵쾅거렸다. 그림을 보자마자 세 번째 메일이 도착할 시간이 지났다는 생각이 스쳤다. 거실 벽에 있는 시계를 바라보았다.

'화요일 오후 1시 20분.'

그의 노트북은 그레고리 집 앞에 세워 둔 승용차 조수석에 있었다. 잠시 물 한 잔으로 목을 축인 바로는 민 박사가 내놓은 그림에 집중했다. 박사가 설명을 계속했다.

"할아버지는 전형적인 레벨 1 상태였어. 고단한 삶이지. 이 단계에서 살아가는 사람들은 삶 속에 천둥과 번개와 폭우가 가득해. 그리고 그런 외부적인 자극에 대해 어쩔 줄 몰라 하며 모든 책임을 환경 탓으로 돌리고, 비탄에 빠지거나 불평하거나 자기를 비하하면서 스스로를 학대한다네. 그 상태가 오래 지속되면 결국 자기 체념 상태에 빠져 완전히 삶의 주도권을 상실하고 주위 상황이 자신을 끌고 가도록 방치하게 되지."

바로는 지난 며칠 동안의 경험을 떠올리며 민 박사의 말에 빠져 들었다. 그의 머릿속에는 인천공항을 이륙하기 전 지독하게 쏟아지던 폭우와 번개가 떠올랐고, 연달아 꿈속의 비행기 추락 장면이 생각났다.

'구름 위 높은 곳에는 태양이 찬란하게 빛나고 있었건만, 그 아래의 세상은 불안과 고단함, 두려움이었지.'

바로가 생각에 잠겨 있는 것을 물끄러미 바라보며 민 박사는 그림에 대한 설명을 계속했다.

"사회적 날씨라는 것이 뭔지 아나? 자네 할아버지는 폭우와 천둥 번개 속의 사회적 날씨 속에 갇혀 꽤 오래 무기력한 나날을 보냈다고 볼 수 있어. 물론 그는 힘든 상황에서 벗어나고자 몸부림을 쳤지. 그러나 결정적인 순간을 만나기 전까지, 프란시스는 다람쥐가 쳇바퀴를 돌 듯이 술과 눈물과 고통의 만성적 체념 상황에서 빠져나올 수 없었다네."

바로는 민 박사의 이야기를 들으며 자신을 돌아보았다. 사회적 날씨에 민감하게 반응하고 조그마한 장애물에도 걸려 넘어져 주위에 독화살을 날리는 자신의 모습. 강의 때에는 화려한 언변으로 사람들에게 긍정적인 생각과 언어와 태도를 강조하지만 집에 돌아가 긴장이 풀어지면 자신의 가르침과는 정반대로 살아왔던 삶.

부끄러웠다. 그도 그 쳇바퀴에서 빠져나오기 위해 노력을 해

보지 않은 것은 결코 아니었다. 자신의 가르침대로 살아보기 위해 부단히 노력했다. 하지만 그 노력은 언제나 비참한 결과로 자신을 배신하곤 했고, 몇 차례의 시도가 실패로 돌아가면서 언제부턴가는 아예 시도조차 해보지 않았던 그였다.

더 이상 자기 삶의 주인공이 되기를 포기하고 그저 상황이 이끌어 가는 대로 수동적으로 자신을 내맡긴 채, 모든 것을 외부 탓으로 돌리며 거칠게 살아왔던 지난 날들이 떠올랐다. 하지만 바로의 마음속에는 다시 자기 합리화의 변명이 솟구쳤다.

'상황이 어찌 할 수 없도록 자신을 몰아갈 때 어떻게 그 사회적 날씨에서 벗어날 수 있다는 말인가? 초인적인 능력을 가진 사람들에게나 기대할 수 있는 것 아냐?'

바로는 약간 짜증 섞인 목소리로 민 박사에게 물었다.

"결정적인 순간이란 무슨 뜻인가요?"

민 박사는 바로의 눈을 물끄러미 바라보며 편안한 얼굴로 설명을 시작했다.

"그가 레벨 1을 빠져 나오는 데 2년이라는 긴 시간이 필요했던 이유가 있었네. 나와 아내는 프란시스가 갖고 있는 문제의 본질이 무엇인지 뻔히 알고 있었어. 하지만 그 문제를 지적해 주거나 어떻게 빠져나오라고 처방을 내려 주는 것이 아무런 효과가 없다는 것도 잘 알고 있었어."

부인이 대화에 자연스럽게 합류했다.

"아무도 설득이나 감정적 호소를 통해서 다른 사람을 변화시킬 수 없어요. 왜냐하면 변화의 문이라는 것이 오직 당사자가 내면에서만 열 수 있는 독특한 구조로 되어 있기 때문이죠."

민 박사의 눈이 반짝였다.

"그렇다네. 우리는 그가 스스로 마음의 문을 열고 자신의 문제에 직면할 수 있도록 기다렸다네. 커다란 귀를 열어 놓고 말일세."

바로가 다시 물었다.

"여기 그림 루트 레벨(Root Level)의 아래쪽을 향한 굵은 화살표의 의미는 뭔가요?"

"자신도 잘 모르는 어떤 힘이 끌어당기고 있다는 것이지. 그 힘의 정체가 무엇인지를 스스로 발견해 내는 것이 문제 해결의 가장 핵심이라고 할 수 있네. 루트 레벨의 강력한 저항력을 극복하기란 쉬운 일이 아닐세. 그 노예 상태에서 빠져나오려는 의지를 한순간도 멈추어서는 안 되기 때문이지."

그때 핸드폰 벨 소리가 크게 울렸다.

"자네에게 전화가 온 모양일세."

전화를 건 상대가 누군지 확인한 바로의 얼굴이 갑자기 딱딱하게 굳어졌다. 그의 말에 가시가 돋기 시작했다.

"그래서요?"

처음에는 민 박사 부부가 곁에 있다는 것을 의식하며 스스로를 억제하던 바로가 언성을 높였다.

"이봐, 한위로 씨. 당신 지금 그걸 말이라고 하는 거야?"

바로의 눈빛에서 치열한 적의가 흘러나오는 것을 느끼며 부부는 걱정스러운 표정으로 서로를 마주 보았다. 바로는 전화기를 든 채 거실 밖 마당으로 뛰쳐나갔다. 바로의 얼굴이 붉게 상기되었고 거친 숨소리가 유리창 너머까지 들려오는 듯 했다. 집 안에 한차례 폭풍이 휘몰아친 것 같았다.

고단함에서 고결함으로

다시 거실로 돌아와 민 박사 부부 앞에 앉은 바로는 몹시 불안한 표정이었다.

"한위로라면, 프란시스 회장의 다른 손자가 아닌가?"

바로는 입을 굳게 다물고 있었다. 부인이 바로의 마음을 달래주듯, 부드럽게 이야기를 시작했다.

"프란시스의 손자답군요. 저 표정과 분위기가 그 당시의 프란시스와 정말 많이 닮았어요. 아니, 닮은 정도가 아니라 프란시스가 다시 나타난 것 같지 뭐예요."

민 박사가 말했다.

"자네와 함께 오랜 시간을 나누기 어려울 테니, 지금 그 이야기를 해주는 게 좋겠군. 할아버지에게도 해주었던 이야기일세.”

전화로 한위로와 한바탕 격전을 치르고 돌아온 바로는 마음을 가라앉히려는 듯, 조용히 눈을 감고 민 박사의 말에 귀를 기울였다.

“헤라클레스가 어느 날 아주 좁은 길을 가고 있었네. 한참을 걷는데 사과 크기의 이상한 물건이 떨어져 있었지. 별생각 없이 그 물건을 발로 툭 찼다네. 그러자 그 물건이 어느새 수박처럼 커져 버렸지 뭔가.

‘어, 이게 뭐야. 나를 놀리네?’

흥분한 헤라클레스는 그것을 다시 힘껏 찼지. 이번에는 그것이 바위만큼 커졌다네.

‘오호? 천하의 헤라클레스를 이겨 보겠다고? 어림도 없다. 이놈!’

열이 오른 헤라클레스는 이번에는 들고 있던 커다란 쇠몽둥이로 그것을 내리쳤다네. 놀랍게도 그것은 아까보다 두 배나 더 커져 마침내 좁은 길을 꽉 막아 버렸지.”

수정과를 한 모금 마시던 부인이 손사래를 쳤다.

“잠깐만요. 그 뒷부분은 제가 한번 얘기해 볼게요.”

그녀는 바로를 따스한 눈길로 바라보며 이야기를 시작했다.

“헤라클레스는 너무 화가 났죠. 그래서 웃통을 벗어 버린 채 한참 동안 그 물건을 들어 올려 집어던지려고 낑낑거렸대요. 하지만 노력하면 할수록 그것이 더욱 커져서 마침내 산더미만 해지고 말았어요.

잠시 후에 씩씩거리고 있는 헤라클레스 앞에 아테네 여신이 나타났어요. 산더미만한 그 물건에 대고 그녀는 아름다운 노래를 들려주었죠. 그 물건은 순식간에 작은 사과 크기로 되돌아가 길 한 모퉁이에 툭 떨어졌답니다."

바로는 지긋이 감았던 눈을 뜨고 고개를 끄덕였다. 민 박사의 설명이 계속되었다.

"깜짝 놀란 헤라클레스에게 아테네 여신이 이렇게 말했다네.

'그것을 더 이상 건드리지 마세요. 그건 당신 마음속에 있는 분노와 같아서 건드리지 않고 내버려 두면 작아지지만 건드릴수록 더 커지는 거랍니다.'

이렇게 말하고 떠났다고 하더군."

세 사람 사이에 잠시 어색한 침묵이 흘렀다. 바로는 두 사람을 놀라게 한 것에 대해 진심 어린 사과를 했다. 민 박사 부부는 웃으면서 바로의 사과를 흔쾌히 받아 주었다. 부인이 한마디를 덧붙였다.

"분노라는 게 조금만 참으면 금방 마음속에서 사라지고 마는데, 그 순간을 이기지 못해 밖으로 쏟아 내면 점점 더 커지는 것 같아요"

민 박사가 한 번 더 웃음을 터트리며 말했다.

"그래도 자네는 할아버지보다는 훨씬 안정감이 있구만. 프란시스는 그리 쉽지 않았어. 레벨 2단계로 올라가는 것이 무척 어려운 과정이었지."

"그렇다면 레벨 2로 올라가기 위해서 어떻게 해야 하는 건가요?"

바로는 진지한 표정으로 물었다. 그의 표정에는 더 이상 고단한 삶에 머물고 싶지 않다는 강한 열망이 스며 있었다. 민 박사는 그의 눈빛에 다소 놀란 듯, 목소리를 가다듬으며 천천히 말했다.

"자극과 반응 사이에 있는 공간을 발견하는 것이라네."

"공간을 발견한다고요?"

"그렇다네. 아까 자네가 전화 통화에 격렬한 반응을 보인 것처럼, 인간은 끝없이 이어지는 외부의 자극에 노출되어 있지. 레벨 1의 수준에 머물러 있는 사람들은 이런 자극에 대해 즉각적인 반응을 보이게 되지. 분노하거나 슬퍼하거나 기뻐하거나 말일세.

우리를 노예 상태로 얽매고 있는 구속의 실체를 깨닫고 거기서 빠져나오려면 자극과 반응 사이에 있는 작은 공간을 발견해야만 해."

다소 어리둥절한 표정을 하고 있는 바로를 위해 민 박사의 부인이 설명을 시작했다. 그녀는 소파 등받이에 있던 쿠션 하나를 꺼내 자신의 무릎 위에 올려놓으며 말했다.

"이 쿠션을 한번 보세요. 우리가 편안하게 소파에 기댈 수 있도록 완충 역할을 해 주고 있지요? 우리 내면에도 이런 쿠션이 존재한다는 거예요. 외부의 자극에 대해 우리의 내면이 즉각적으로 대응하는 것이 아니라, 쿠션의 푹신함 같은 완충 공간이 있어서 그곳을 통과하면서 외부의 자극이 걸러지고 순화되어 우리 내면이 올바른 반응을 선택할 수 있는 진정한 자유를 준다는 거지요."

바로의 마음에 '진정한 자유'라는 표현이 화살처럼 날아와 박혔다. 그는 천천히 고개를 끄덕였다.

'할아버지가 강조한 내면의 쿠션이라는 것이 곧 자극과 반응 사이의 공간을 뜻하는 것이었군.'

민 박사가 흥이 오르는 듯 설명을 계속했다.

"프란시스는 오랜 투쟁 끝에 자신을 노예 상태로 얽매고 있던 분노의 뿌리가 무엇인지를 발견하는 결정적 순간을 맞았다네. 그 뿌리란 비극으로 명을 달리한 아들과 아내의 죽음이 자신의 탓이라는 자책감이었지. 더구나 그 아들을 이해하지 못했던 자신을 받아들이기가 어려웠던 거였어. 그러나 끝내 프란시스는 그 단계를 넘어섰다네."

바로는 할아버지의 고통과 회한이 느껴졌다. 박사는 설명을 계속했다.

"레벨 2로 올라선 프란시스는 이후 빠른 속도로 레벨 3에 도달했네. 레벨 2는 구름 아래의 삶과 위의 삶을 오락가락하는 과도기라고 할 수 있지. 이 단계는 우리 내면의 쿠션에 끼어 있는 불순물들을 제거하는 정화의 기간이라네.

레벨 3 수준에 도달하게 되면 어떤 먹구름도 없는 오직 찬란한 태양만이 빛나는 완벽한 자유를 경험하게 되지. 자신의 내면과 외부에서 어떤 일이 벌어져도 거의 영향을 받지 않고 자신을 지킬 수 있을 뿐 아니라 주위 사람들을 안전하게 보살펴 주기까지 하는 단계에 이르는 걸세."

바로는 두 사람의 설명을 들으며 할아버지가 어떤 과정을 거쳐 자신의 영혼이라는 방에서 벌어지는 치열한 전쟁에서 이길 수 있었는지 다소나마 이해할 수 있게 되었다. 민 박사가 한마디를 덧붙였다.

"우리는 그 단계를 고결함이라고 부른다네."

바로에게 그 말은 환청처럼 아련하게 들려왔다.

'고결함.'

날마다 영혼의 전쟁터에서 기진맥진해 있는 자신의 초라한 모습이 다시 슬그머니 고개를 들기 시작했다. 그때였다. 잔잔한 평화가 감돌던 민 박사의 거실에 뻐꾸기 소리가 울렸다. 바로는 눈을 동그랗게 뜨고 주변을 둘러보았다. 두 사람이 웃으면서 설명했다.

"손님이 찾아온 모양이군요. 초인종 소리예요."

부인이 종종걸음으로 현관문으로 다가섰다.

"어떻게 된 거야? 자네 출장을 떠난 거 아니었나?"

바로 앞에 우뚝 선 노 신사는 새하얀 중절모에 흰색 양복을 입고 있었고 조끼도 흰색이었다. 게다가 눈부시게 반짝이는 구두마저 흰색이었다. 그가 중절모를 벗으며 한바로에게 다가와 악수를 청했다.

"그레고리 스미스라고 합니다."

쿠션을 쿠션이게 한 것

노트르담 대학교의 과학기술 동에 위치한 드림쿠션 연구소는 겉으로 보기에는 담쟁이로 덮인 고색창연한 건물이었다. 하지만 안으로 들어서자 보안장치를 비롯 현대적인 고급 장비들이 즐비했다.

"할아버지는 오래전부터 이곳 노트르담 대학에 거액을 기부하며 산학연 공동연구센터를 설립했다네. 여기에서 프란시스의 야심작인 R스펀지가 개발 3년 만에 탄생, 대성공을 거두게 되었지."

이곳을 보여 주겠다고 제안한 사람은 그레고리였다. 그는 민 박사의 집을 떠나면서 바로에게 이렇게 사과했다.

"내가 착각했네. 자네가 나를 찾아오기 1주일 전에 한위로라는 친구가 먼저 나를 찾았지. 할아버지가 돌아가시기 전에 내게 부탁해 둔 게 있었다네. 한국에서 틀림없이 손자가 찾아올 거라고. 하지만 할아버지는 손자가 두 사람이라는 말은 안 하셨지.

민 박사가 자네를 병원에 옮긴 후 전화를 해 주어서 그제서야 비로소 자네가 할아버지의 또 다른 친손자라는 것을 믿을 수 있게 된 것일세."

바로는 한편으로는 마음이 놓였지만, 다른 한편으로는 두려움이 엄습했다. 위로가 이미 그레고리에게서 많은 정보를 얻었을 것이 분명했기 때문이었다. 더구나 그는 다니엘 변호사에게까지 손을 뻗고 있지 않았던가? 바로의 마음속에 다시 천둥과 번개가 몰아쳤다. 미끄러질 듯 반짝이는 복도를 지나 그들 앞에 스테인리스 문이 나타났다.

그레고리가 입구에 있는 각막 인식 시스템에 눈동자를 갖다 대었다. 잠시 후 경쾌한 전자음이 울리며 문이 스르르 열렸다. 실험실 안으로 들어서자 키가 190센티미터도 넘어 보이는 금발의 과학자 한 사람이 그레고리에게 깍듯이 인사를 했다.

"내가 부탁한 것 준비되었나?"

바로와 그레고리 그리고 키 큰 과학자 세 사람이 함께 간 곳은 커다란 방이었다. 그곳에는 다양한 크기의 침대들이 수십 개나 있었고, 온갖 형태의 소파들, 사무용 의자, 자동차 의자, 항공기 의자들이 있었다. 또한 거실 소파와 침구에 사용되는 쿠션에 이르기까지 줄잡아 수백 종류 이상의 물건들이 가득했다.

"자, 우리 여기에 앉아서 이야기를 하도록 하지."

머리부터 발끝까지 온통 하얗게 꾸민 그레고리가 왼쪽에 있는 초콜릿 빛깔의 소파에 자신의 묵직한 몸을 묻으며 바로에게 말했다.

"그 물건 좀 이쪽으로 건네주겠나?"

금발의 과학자는 검은색 가죽 케이스로 된 트렁크에서 소중한 보물을 다루듯, 멜론만한 흰색의 물체를 꺼냈다. 약간의 출렁임이 있고 부드러우며 뽀송뽀송한 느낌을 주는 물체였다.

"자네도 여기에 앉지."

그레고리는 바로에게 자신의 옆 자리를 권했다. 소파가 푹 꺼지는 느낌이 들었다가 서서히 제 위치로 복원되었다. 바로가 난생 처음 느껴 보는 부드러운 탄력이었다. 마치 어린 시절 엄마에게 달려가 안길 때 느꼈던 포근함 같은 것이었다. 단지 푹신한 것이 아닌, 무언가 살아 있는 생명체가 자신의 몸을 떠받들고 있는 그런 안온감과 편안함이 어우러진 신비한 느낌이었다.

"R스펀지로 속을 꽉 채운 소파라네."

R스펀지 소재의 소파는 그동안 바로가 상상했던 것보다 훨씬 놀라운 탄력과 포근함을 지니고 있었다.

"자, 이게 바로 R스펀지의 실체라네."

그레고리는 마치 장난을 치듯 바로에게 멜론 크기의 R스펀지 뭉치를 던졌다. 바로는 오른쪽으로 몸을 던지다시피 해 간신히 R스펀지를 받을 수 있었다.

"그래, 느낌이 어떤가?"

바로는 조심스럽게 R스펀지를 만져 보았다. 손가락으로 쿡 찔러도 보고 열 손가락으로 쥐었다 폈다 해보기도 하고 이마를 대고 꾹 눌러보기도 했다.

"인공물이라고는 상상할 수 없을 정도로 신비하네요. 마치 사람의 피부 같기도 하고, 엄마의 품속 같기도 해요. 부드러운가 하면 적당하게 받쳐 주는 맛도 있고요. 정말 놀라운데요?"

"가장 최근에 개발된 R스펀지 버전일세. 버전이 어떻게 된다고 했죠?"

"2.0입니다. 지난번 1.5가 출시된 지 1년 만의 개가죠."

그레고리는 자랑스러운 표정을 지었다.

"자네 할아버지, 프란시스 회장님이 최초로 개발한 것은 버전 0.5로 불렸다네. 시장의 반응은 신통치 않았지. 하지만 버전 0.9가 나왔을 때는 모두가 놀랄 정도의 폭발적인 반응이 있었다네. 이번 2.0이 발표되면 전 세계가 경악할 걸세."

"여기 진열된 모든 종류의 침대며 의자 등에 R스펀지가 내장되어 있는 건가요?"

"그렇다네. 드림쿠션의 목표는 이 세상에 존재하는 쿠션이 필요한 모든 곳에 R스펀지가 사용되도록 하는 것이지."

그레고리는 금발의 과학자를 내보낸 후, 진열 공간을 천천히 걸으며 말을 이었다.

"할아버지는 부도 직전의 프란시스 스프링을 자네가 지금 보고 있는 것처럼 세계 최고의 회사 중 하나로 키워 냈지. 민 박사님의 도움이 컸다네. 구체적으로 두 분 사이에 어떤 일이 있었는지, 그 시기를 넘긴 후에 비서로 합류했던 나로서는 자세히 알 수 없지만, 할아버지는 정말 대단한 분이었어."

최고의 축복, '선택의 자유'

바로는 R스펀지와 자신이 풀어야 할 단어들의 연결 고리를 한시라도 빨리 확인하고 싶었다. 그레고리의 뒤를 따라 걸으면서 바로가 조심스럽게 물었다.

"할아버지는 어떤 분이셨나요? 그러니까…… 철학이라든가, 정신 세계에서 존경 받으실 만한 점이라든가…… 그분에 대해 더 알고 싶습니다만."

그 질문을 마치자마자 그레고리는 큰소리로 웃었다.

"하하하. 그 질문이 왜 안 나오나 했지. 1주일 전에 다녀간 한위로 녀석과 똑같은 질문이구먼. 두 사람이 왜 갑자기 할아버지의 사상에 대해 그토록 궁금해 하는지, 나로서는 도무지 이해할 수는 없지만, 자네에게도 공평하게 기회를 주어야겠지?"

그레고리는 지팡이로 바닥을 탁탁 두드리면서 자리에 멈췄다. 그러더니 갑자기 자기 뒤쪽에 있는 킹사이즈의 침대에 벌렁 드러누웠다.

"자네도 그쪽 침대에 한번 누워 보게나. R스펀지로 만들어진 매트리스에서 한잠 푹 자고 나면 세상의 모든 피로가 다 씻겨 나가는 듯하지."

바로는 매트리스에 엉덩이만 살짝 걸친 상태로 주춤거리고 있었다. 그레고리는 벌떡 일어서서 바로의 침대로 다가왔다.

"프란시스 회장님의 인격은 R스펀지와 똑같았지. 누구나 그분에게 한 번 기대고 나면 피로감이 싹 씻기는 듯한 기분을 느꼈어. 참 부드러운 분이셨네. 그분 주위에는 언제나 충직한 사람들이 모였지. 그와 한 번 손을 잡은 사람들은 결코 그를 배신할 수 없었다네."

그레고리는 양복 호주머니에서 무언가를 꺼내면서 말했다.

"자네에게 이걸 보여 주는 게 좋겠군."

그레고리는 매트리스 위에 잘 접힌 두툼한 종이 한 장을 펼쳐놓았다.

"그분이 직접 나에게 그려 주신 거라네. 보물처럼 내 품에 언제나 지니고 다닌다네."

바로는 그레고리와 함께 펼쳐진 그림을 보았다. 로켓 발사대에 서 있는 로켓 모양의 주 화살표가 하나 크게 그려져 있었고, 로켓에서 연료가 분사되는 것처럼 빨강 화살표가 아래쪽으로 뿜어지는 형상이었다. 그레고리가 천천히 설명을 시작했다.

"할아버지의 사상이라고 물었던가? 요약해서 말하라고 한다면 더 높은 곳을 향하여 자신을 끌어올리는 삶이라고 할 수 있겠지. 그를 표현하는 한 단어가 있다면 그것은 엘리베이션(elevation)이었다네. 그는 늘 자신을 위로 끌어올렸어."

"위로 끌어올린다는 것이 잘 이해가 안 되는군요. 고결함이라는 것도 좀 추상적이라서……."

그레고리가 다 이해한다는 듯 말했다.

"분리하는 삶이었지. 할아버지는 어떤 문제가 닥쳐와도, 어떤 어려움이 몰려와도 그 문제에 휩쓸리는 법이 없었다네. 마치 남의 일처럼, 그 문제 밖으로 자신을 분리시켜 한 단계 위로 자신을 끌어올렸지. 마치 공중에서 자신과 문제를 동시에 내려다보는 것처럼 말이야. 할아버지는 늘 이렇게 말했어."

하나님께서 인간에게 주신 가장 특별한 선물은

'자신의 반응을 선택할 수 있는 힘'이지.

"반응을 선택하는 힘이라고요?"

그레고리가 고개를 끄덕였다.

"자네는 한위로와 많이 다르구만. 그 친구는 뭐가 그리 바쁜
지 방송기자 인터뷰하듯 몇 가지만 물어보더니 다 알겠다는 듯

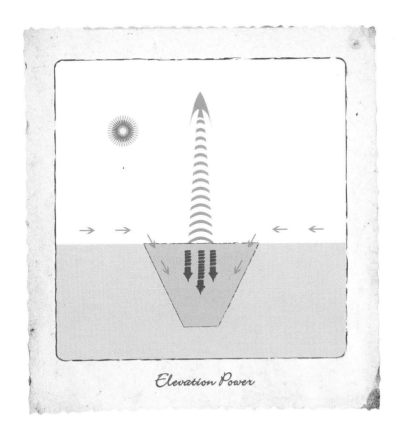

Elevation Power

후다닥 떠나버리더군. 하지만 자네는 궁금한 게 참 많은 모양일세. 허허."

그레고리가 자신을 한위로와 비교하자 마음이 위축되었다. 달리 생각해 보면 그는 문제를 다 풀었기 때문에 몇 가지만 확인하고 서둘러 갔을 수도 있는 일이었다. 바로는 다시 초조해지기 시작했다. 그레고리가 다시 말했다.

"반응을 선택하는 힘. 그래. 바로 그 힘이 할아버지를 고결하게 만든 비밀이었다네. 그분은 늘 삶에서 객관적인 사실은 10%에 불과하고 나머지 90%는 그 일에 대한 나 자신의 반응이라고 말씀하셨지."

대화 중에 계속 R스펀지의 쿠션을 느끼고 있던 바로는 이 신물질의 신기한 반응 능력에 기이함을 느끼고 있었다. R스펀지는 마치 살아 있는 세포처럼 자극이 들어오는 지점을 계산해 어떻게 반응해 주어야 할지를 스스로 판단하고 선택했다. 그리하여 자극을 주는 압력 지점이 가장 포근하고 편안한 상태가 될 수 있도록 부드럽게 반응하는 것이었다.

바로는 섬광처럼 어떤 생각이 떠올랐다. 그레고리는 계속 말을 이었다.

"사업을 일으키면서 할아버지는 숱한 고난과 역경에 마주쳤지. 그때마다 그분은 이렇게 얘기하곤 했어."

고난과 역경이 인간에게서 모든 것을 빼앗아 갈 수 있지만, 단 한 가지 자유는 빼앗아 갈 수 없어. 어떤 상황에 놓이더라도 자신의 삶을 대하는 태도를 선택할 수 있는 자유가 그것이지.

"할아버지는 이 모든 과정을 민 박사에게 배웠다고 말씀하셨지. 그러나 나는 그렇게 생각하지 않네. 할아버지는 평생 매일 새벽에 3시간을 자신을 고결하게 만드는 데 투자한 분이었네. 단 하루도 거르지 않고 새벽마다 자신의 영혼을 정원 가꾸듯 그렇게 성실하게 가다듬었다네."

그레고리가 지팡이를 빙글 돌리면서 장난스러운 표정으로 바로를 바라보았다.

"처음에는 나도 그분의 변화를 별로 느끼지 못했다네. 하지만 꾸준함의 힘이란 정말 무서운 것이었어. 몇 년이 지나면서 프란시스 회장님의 인격은 로켓만큼이나 높은 곳으로 끌어올려져 있었다네."

그레고리는 다시 그림을 보면서 말했다.

"여기 맨 아래쪽을 잘 살펴보게나. 엘리베이션 파워라고 써 있지? 자네 할아버지의 친필이라네. 그분 성공의 핵심은 이 노란색의 역삼각형에 있었어. 매일 새벽 홀로 독서와 묵상, 기도로 자신의 내면을 위로 끌어올린 할아버지의 삶에 눈에 띄게 나

타난 것이 있었다네. 마치 분화구처럼, 인격 안에 아주 커다란 우물이 파지기 시작한 거야. 날이 갈수록 겸손해지셨던 거지. 그러자 신기한 일들이 시작되었다네. 세상의 온갖 긍정적인 에너지들, 기회, 인재, 돈 이런 것들이 낮아지고 또 낮아진 할아버지에게 몰려들기 시작한 걸세."

그레고리는 자신이 파악하고 있는 프란시스 회장의 모든 것에 대해 말했고, 바로는 스펀지가 물을 흡수하듯, 할아버지에 대한 이야기들을 받아들였다. 한참이 지난 후, 그레고리가 손목시계를 들여다보며 깜짝 놀라는 표정을 지었다.

"어이쿠, 이런. 벌써 시간이 이렇게 되었나. 오늘은 도저히 안 되겠구만. 자네와 꼭 가 봐야 할 곳이 한 군데 남았는데. 자네는 언제 귀국할 예정인가?"

"이번 주 일요일 밤 11시 비행기 편입니다."

"가만 있자, 화요일 저녁이니까, 시간은 좀 있는 편이구만. 좋네. 그러면 이번 주 목요일 점심 어떤가? 내일은 누굴 좀 만나러 뉴욕에 다녀와야 해. 목요일 점심을 함께 하고 나랑 어딜 좀 다녀오세."

그레고리는 한쪽 눈을 찡긋했다.

"바쁘게 서두르던 한위로라는 녀석에게는 보여 주지 않은 곳이 하나 있거든."

온유한 사람이 땅을 받을 것이니

연구소 밖은 이미 캄캄해져 있었고, 하늘에서는 눈발이 조금씩 날렸다. 밝은 햇살은 온데간데없고 강풍까지 불어 다시 한겨울로 되돌아간 듯했다. 간단한 캐주얼 슈트 차림의 바로는 몹시 추웠다.

시동을 켠 바로는 히터를 최대한 높게 올렸다. 네비게이션 화면 모퉁이의 시계를 보았다.

"3월 4일 화요일 오후 7시 45분."

갑자기 출출했다. 연구소 식당에서 점심을 간단히 먹은 후 아무것도 먹지 못한 상태였다. 하지만 지금은 음식이 문제가 아니었다.

'모텔로 가면서 빵이라도 사 가지고 들어가야겠어.'

바로는 최대한 천천히 차를 몰았다. 그의 마음은 어떻게든 빨리 모텔에 도착해 노트북을 켜고 세 번째 힌트 메일을 확인해야 한다는 생각에 사로잡혀 있었다. 네비게이션이 지시하는 대로 933도로를 타고 북쪽으로 5분쯤 올라가다가 인디애나 로드에서 왼쪽으로 차를 꺾었다. 모텔은 이제 불과 5마일 이내에 있는 것으로 나타났다.

왕복 8차선 인디애나 로드는 거대한 주차장으로 변해 있었다. 길에 눈이 쌓이기 시작하면서 차들이 엉금엉금 기어가고 있는 상태였다. 바로는 초조하게 손가락으로 핸들을 두드렸다. 그때 그레고리가 보여 준 엘리베이션 파워 그림이 떠올랐다.

'할아버지라면 이런 답답한 상황에서 어떻게 대처했을까?'

그는 할아버지를 흉내 내보기로 마음먹었다.

'틀림없이 이 상황에서 자신을 분리시켜 자신의 마음을 위로 끌어올렸을 거야.'

바로는 상상력을 동원해 자신의 영혼을 몸과 분리시키듯 자동차 밖으로 붕 띄워 보았다. 신기하게도 저만치 아래 운전대에서 초조하게 손가락으로 핸들을 두드리는 자신의 모습이 보였다. 투명 엘리베이터에 올라탄 느낌이었다. 바로는 운전대를 쥔 자신에게 마음속으로 응원의 메시지를 보냈다.

'한바로. 초조해 할 것 없어. 조금 늦어질 뿐이야. 조바심을 내다고 상황이 바뀌지는 않아. 마음의 여유를 가져. 라디오를 틀고 음악을 즐겨. 모든 것은 네가 어떤 반응을 하는가에 달려 있어.'

바로는 천천히 공중에서 내려와 자신에게로 되돌아갔다. 마음이 편안해졌다. 그는 라디오 스위치를 켜는 반응을 선택했다. 바이올린 독주로 편곡한 모차르트의 합창곡이 흐르고 있었다.

〈아베 베룸 코르푸스〉. 바로가 가장 좋아하는 모차르트의 작품이었다. 가슴 아리도록 낭만적인 서주가 끝나가고 있었다. 이어서 잔잔한 피아노 선율. 눈을 감고 들으면 듣는 이를 천상으로 이끄는 바이올린의 절묘한 화음이 차 안에 은은히 울려 퍼졌다. 초조하게 핸들을 두드리던 바로의 손가락이, 이제는 지휘자의 손길이 되어 바이올린 소리의 끝자락을 따라가고 있었다.

모텔로 돌아온 바로는 세 번째 힌트 메일을 열었다. 힌트는 예고대로 정확하게 화요일 오전에 도착되었다. 메일이 온 지 만하루가 지났다. 이번에는 다니엘 그린 변호사의 짧은 인사말이 들어 있었고, 힌트는 늘 그랬듯 파일로 첨부되어 있었다.

마지막 힌트 메일입니다.

두 분의 행운을 바랍니다.

바로의 마음속에서 다시 초조함과 분노의 감정이 꿈틀거렸다. 하지만 순간적으로 엘리베이션 파워 그림이 떠오르면서 분노라는 반응을 선택해서는 안 된다는 강한 내면의 소리가 들렸다. 바로는 객실 천장을 잠시 올려다보며 투명 엘리베이터를 떠올렸다. 긴 한숨을 내쉬자 마음이 차분하게 가라앉았다. 첨부된 파일을 클릭하니 예상했던 대로 그림이 노트북 화면을 꽉 채웠다. 구조는

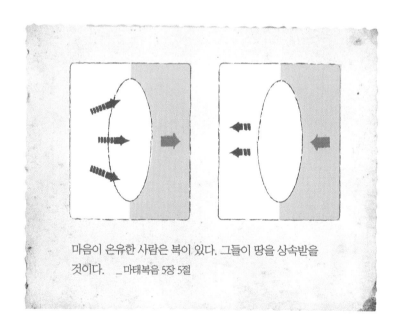

마음이 온유한 사람은 복이 있다. 그들이 땅을 상속받을 것이다. _마태복음 5장 5절

동일했다. 하지만 이번의 그림은 상당히 부드러웠다.

두 번째 메일의 그림은 4가지 아이콘들 때문에 거칠고 딱딱한 느낌이 들었지만, 이번 그림은 부드러운 타원이 흑과 백의 중앙에 자리잡고 있었다. 그 타원은 마치 외부로부터 들어오는 자극을 흡수하는 모습처럼 보였다.

'R스펀지다!'

바로는 자신도 모르게 소리를 질렀다. 맨 아래쪽의 글귀를 큰 소리로 읽어 보았다.

"마음이 온유한 사람은 복이 있다. 그들이 땅을 상속받을 것이다?"

바로는 R스펀지를 연상케 하는 그림 속 타원을 다시 집중해 바라보았다. 흑과 백으로 나뉘어진 두 개의 사각형은 우리의 마음 안과 밖을 상징하는 것처럼 보였다. R스펀지 쿠션침대에 누워 허공을 바라보며 들려주던 그레고리의 말이 떠올랐다.

살면서 해 온 모든 선택의 총체적 결과물이 현재의 나라네. 일생 동안 수없이 많은 환경이 주는 자극에 대해 나는 자유의지를 가지고 반응을 선택했고 그 결과가 바로 지금의 나일세.

"그분은 이런 우리의 반응 능력이야말로 하나님께서 인간에

게 주신 가장 큰 축복이자 동시에 저주일 수 있다고 말씀하셨
어. 올바른 반응을 선택해 온 사람들은 엄청난 행복을 누리게
되는 것이고, 잘못된 반응을 계속해 온 사람들의 인생은 불행한
결과를 낳게 된다는 것이지. 그런데 회장님이 가장 중요하게 생
각했던 것은 바로 이거야."

반응 중에서도 가장 중요한 것은 '생각의 선택'이네. 감정은 생각
의 지배를 받기 때문이지. 부정적인 생각을 선택하면 두려움과 불
안의 감정이 밀려오고, 긍정적인 생각을 선택하면 평안과 감사의
감정이 피어오르는 법이지. 사람들은 어리석게도 생각을 선택하
는 반응능력의 사용법을 배우지 못했어. 그 결과 아무런 반응도
선택하지 않은 채 무방비 상태로 감정이 지배하는 대로 끌려 다닌
다네. 불안과 두려움의 감정이 몰려오면 그 감정이 부정적인 생각
의 물꼬를 터 더욱 부정적인 감정에 휘둘리게 되는 거지.

"할아버지는 긍정을 선택하는 힘을 꾸준히 길렀다네. 자극
과 반응 사이의 공간을 발견하고 그 공간을 고결함으로 채우는
거였지. 그게 마치 쿠션의 R스펀지처럼 그분을 부드럽게 만들
었어. 어떤 자극도 그분을 부정적 감정으로 내몰지 않았다네.
생각을 선택할 수 있는 능력이 그 공간 내부에서 싹트고 있었기

때문이지. 할아버지는 이렇게 말했어."

온유(meekness)라는 말의 뜻을 알고 있나? 야생동물이 주인에게 잘 길들여진 상태가 바로 온유라네. 자신보다 훨씬 더 크고 위대한 존재 앞에 자신의 생각과 감정을 차분히 내려놓고 잠잠히 그분의 뜻에 따르는 반응을 선택하는 힘, 그것이 바로 온유함의 정의라네. 온유는 결코 약함(weakness)이 아닐세. 진정한 자유는 온유함에서 비롯되는 긍정을 선택하는 반응 능력으로부터 오게 되지.

"고결함과 온유함으로 무장한 할아버지의 인격은 마치 깊은 우물 같았다네. 고결한 마음은 어떤 자극에도 깊은 우물처럼 고요한 반응으로 화답하지. 하지만 얕은 마음으로 살아가는 이들은 즉각 무례하고 부정적인 반응을 드러내곤 하는 거야. 깊은 우물 곁에 생명의 싹이 움트는 것처럼 마음의 우물이 깊은 사람 곁에 아름다운 일들이 모여들게 되어 있는 법이지."

바로는 엘리베이션 파워 그림을 다시 떠올렸다. 깊은 우물처럼 파여진 노란 역삼각형 안으로 끊임없이 에너지들이 몰려드는 모습이 기억에 생생했다.

'마음이 온유한 사람이 땅을 상속받는다는 것이 무슨 뜻인지 알 것 같아.'

불길한 전화

　생각의 선택이라는 개념을 골똘히 생각하던 바로는 벌떡 일어나 앉았다.

　'다른 메일이 있었지!'

　바로는 부랴부랴 노트북의 그림화면을 닫고 다시 메일함을 열었다. 아내에게서 온 메일이었다.

　'아내의 마음이 풀린 것일까?'

　바로는 궁금한 마음으로 메일을 클릭했다. 내용은 지극히 단순했다.

From : 신영
To : 바로

고생 많으리라 생각해요.

저도 며칠 동안 깊이 생각해 보고 있는 중인데요.

R_____ + A _____ = _____ y 에서,

y로 끝나는 단어에 먼저 집중해야 하는 것이 아닐까 싶었어요.

y로 끝나기는 하되 R로 시작되는 단어일 확률이 높을 듯해요.

그러니까 R_____ y로 끝나는 것을 먼저 찾아보는 것이

중요하다는 생각이 왠지 강하게 들어요.

제가 찾아낸 사례들이에요. 참고해 보세요.

모두 18개에요.

RAPIDLY	RARELY	RAY	READY
REALLY	REALITY	RECENTLY	RECOVERY
REGULARLY	RELATIVELY	REMEDY	REPLY
RESPONSIBILITY		RIDICULOUSLY	
RIGIDITY	RIVALRY	ROBBERY	ROYALTY

바로는 이 단어들을 메모장에다 급하게 써 내려 갔다.

'신중해야 한다. 섣불리 잘못된 단서를 붙들면 모든 것이 한 순간에 끝이니까.'

바로는 침착하기 위해 주먹을 쥐었다 폈다를 반복했다. 그동안 자신이 추적해 온 마음 쿠션의 비밀과 큰 연관이 없어 보이

는 단어 몇 개가 눈에 들어왔다. 바로는 우선 그것들을 지워나
가기 시작했다.

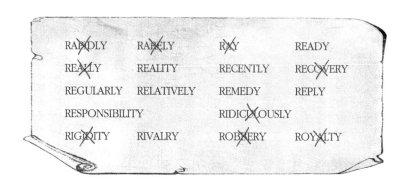

남은 것은 모두 10개였다. 바로는 그 단어들을 반복해서 써
보고 또 써보았다. 그러나 아직까지 어떤 것이 마음 쿠션의 비
밀과 정확하게 일치하는지 확신하기 어려웠다.

각 단어마다 충분히 쿠션과 연관된 의미가 있어 보였다.
10%의 확률은 큰 도박처럼 보였다. 바로는 소파에 몸을 묻은
채 10개의 단어들을 수십 번 반복해서 써보았다. 심한 스트레스
가 온몸을 휘어 감았고 졸음이 다시 몰려왔다.

어디선가 희미한 음악 소리가 들렸다. 귀에 익은 그 소리는
점점 더 커졌다. 바로는 깜짝 놀라 눈을 떴다. 단어들을 써보다

가 잠깐 잠이 든 모양이었다. 핸드폰이 울리는 소리였다.

손을 뻗어 핸드폰을 집어 들었다. 벌써 시간은 새벽 3시 20분.

'이 시간에 누굴까?'

바로는 불안한 마음으로 전화기 폴더를 열었다. 번호를 보니 한국에서 온 국제전화였다.

"여보세요? 당신이야?"

바로는 꽉 잠긴 목소리로 물었다. 의도적으로 목소리 톤을 높여보려 했지만, 별수 없이 자다가 깬 목소리가 흘러나오고 말았다. 수화기 너머에서 아내는 아무 말도 없었다. 무언가 불길한 느낌이 온몸을 관통했다. 정신이 번쩍 든 바로는 아까보다 훨씬 더 높은 톤으로 아내를 불렀다.

"왜 그래 여보! 무슨 일이라도 있는 거야?"

잠시 후 아내의 흐느끼는 목소리가 들려왔다. 마음속으로 주문처럼 엘리베이션 파워를 되뇌며 바로는 최대한 자신을 이 상황에서 분리시켜 보려 애썼다. 하지만 이번에는 아무런 효과가 없었다.

여전히 자신은 핸드폰을 쥔 채 불안감에 떨고만 있었다. 아내가 마음을 추스르며 겨우 한마디를 떼었다.

"어머니가…… 어머니가 또 쓰러지셨어요. 의사 말로는 이번에는 준비를 해야 할 것 같대요. 여보, 나 혼자 너무 무서워."

자극과 반응 사이의 공간. 바로에게 이제 막 싹트려 하는 그 공간에 커다란 화살 하나가 날아와 박혔다.

마음의 쿠션을 키우는
두 번째 지혜

공간내부의 불순물을
지속적으로 제거하고
고결함으로 가득 채우자

🗒 자극과 반응 사이의 공간에 남아 있는 과거의 상처나 분
   노의 뿌리와 같은 불순물을 제거하면 마음의 쿠션은 더욱
   탄력 있게 된다.

🗒 공간내부의 불순물을 제거하는 방법은 독서와 기도, 묵상
   을 통해 꾸준히 내면의 힘을 키우는 것이다.

🗒 어떤 문제가 닥쳐와도, 어떤 어려움이 몰려와도 그 문제
   에 휩쓸리지 말고 그 문제 밖으로 자신을 분리시켜 스스
   로를 한 단계 위로 끌어올려야 한다.

우리를 자유롭게 하는 것

"상황에 몰려서 하는 선택이 아닌,
가장 적절한 반응을 선택하는 것이 책임감이다.
자신의 인생에 진정한 책임을 다하는 고결한 삶,
그것이 바로 참된 자유의 본질인 것이다."

두 개의 기적

　　새하얀 양복저고리를 양손으로 살짝 고쳐 입으며 눈웃음을 짓던 그레고리의 표정이 생생하게 떠올랐다. 그는 분명히 말했다.

　　"목요일 점심을 함께 하고, 어디 한 군데 가볼 곳이 있다네. 바쁘게 서둘러대는 한위로 녀석에게 보여 주지 않은 곳이 하나 있거든."

　　그의 찡긋하는 묘한 표정과 가볼 곳이 있다는 말은 화살처럼 바로의 마음에 꽂혀 희망의 아드레날린을 온몸에 퍼뜨렸다.

　　'어머니가 이틀만 더 버텨 주실 수 있다면 좋으련만……'

　　바로의 마음은 까맣게 타 들어갔다. 하지만 날이 밝자마자 그는 무조건 차에 올랐다.

"여보. 나 혼자 너무 무서워!"

그의 마음속에서는 그레고리의 의미 있는 눈웃음과, 비탄에 빠져 어쩔 줄 모르고 당황해 하고 있을 아내의 어두운 얼굴이 싸우고 있었다. 핸드폰을 열어 보았다. 화면에 D-5일을 알리는 숫자가 보였다.

'남은 시간은 닷새 반. 이 상태에서 귀국해 버리면 그레고리가 함께 가보자고 했던 마지막 단서를 놓치게 된다. 그러나 어머니가 임종을 맞을지 모르는 상황에서 어떻게 이곳에 더 이상 머물 수 있단 말인가?'

바로는 운전석에 앉아 긴 한숨을 내쉬었다. 시동을 걸 용기가 나지 않았다. 이대로 공항으로 떠나면 모든 것이 물거품이 될지도 모른다고 생각하니, 걷잡을 수 없는 회한이 밀려왔다. 운전석 의자에 몸을 기댄 채 눈을 감았다. 아침 햇살 한 조각이 바로의 뺨에 스몄다.

따스함이 마치 어머니의 손길처럼 느껴졌다. 뼈만 앙상하게 남아 깃털처럼 가볍게 들리던 어머니의 마지막 모습이 떠오르며 가슴속에서 형언할 수 없는 감정들이 밀려 올라왔다. 이렇게 어머니를 떠나보내야 한다고 생각하니 견딜 수 없는 죄책감이 밀려왔다.

모든 상황이 잔인하게 자신을 난도질하는 것처럼 느껴졌다. 하지만 어떤 반응을 선택할 것인지는 자신의 몫이었다. 바로는 차의 시동을 힘차게 걸었고 공항으로 향했다.

택시에서 내린 바로는 기내 수화물 태그가 손잡이에 돌돌 말린 짐 가방을 끌면서 병원 로비에 들어섰다. 로비는 마치 공항 터미널처럼 복잡하고 소란스러웠다. 휠체어에 앉아 멍하니 창밖을 보는 사람, 호출을 받고 바삐 뛰어가는 의사들, 꽃다발을 들고 수다를 떨며 병실을 향해 걸음을 옮기는 한 무리의 문병객들, 차트뭉치를 들고 뛰어가는 간호사.

그들 사이로 선영이 보였다. 핸드폰으로 바로의 도착 소식을 들은 그녀가 멀리 에스컬레이터에서 종종걸음으로 내려오고 있었다. 가까이 다가온 아내의 눈 밑에는 깊은 다크 써클이 드리워져 있었다. 바로는 마음이 울컥해졌다.

그는 아내가 다가오자 덥석 그녀를 껴안았다. 당황한 선영은 잠시 뻣뻣하게 굳은 채 어찌할 줄 몰라 했다.

"당신이 그동안 고생 많았겠네. 어머니는?"

남편이 이전과 조금 달라졌다는 느낌을 받았다. 포옹을 풀며 선영은 억지 미소를 띤 채 대답했다.

"중환자실에서 3일째 계세요. 오늘 밤이 최대 고비래요."

두 사람은 말 없이 중환자실 로비를 향해 걸음을 옮겼다. 선영은 바로의 까칠해진 턱이 마음에 걸렸다. 수염 깎을 마음의 여유가 없었을 것이다. 그의 눈동자에는 눈앞에서 어마어마한 기회를 날려 버렸다는 회한과 어머니를 잃는 것에 대한 두려움이 마구 섞여 있었다.

"세 시간 후에야 면회할 수 있어요. 그동안 사우나에 가서 씻고 잠깐이라도 눈 좀 붙여요."

아내의 말에 바로는 고개를 천천히 저었다.

중환자실의 특수침대에 누워 있는 어머니는 의외로 편안히 잠든 모습이었다. 떨리는 손으로 조심스럽게 어머니의 손을 잡았다. 얼음같이 시린 느낌이 바로에게 전달되었다. 담당 의사가 곁에 서서 상태를 설명하기 시작했다.

"아무리 생각해도 이상하네요. 오전까지만 해도 심장박동과 혈압이 매우 불안정하고 호흡도 고르지 못해서 저희가 대비를 하고 있었거든요. 그런데 이상하게 세 시간 전부터는 모든 기기의 수치가 회복세로 돌아섰어요. 좀 더 지켜봐야겠지만, 오늘 밤까지 이런 상태로 호전된다면 내일은 굳이 중환자실에 누워 계실 필요가 없을 것 같은데요."

의사의 뒤를 지키고 서 있던 갈색 커트머리의 간호사가 한마디 거들었다.

"이 할머니, 마치 아드님이 대기실에 와 계신 걸 알고 그때부터 기력이 회복되시는 것 같아요."

바로와 선영은 서로를 마주 보면서 눈빛을 나누었다.

'아직 모든 희망이 사라진 것은 아니다!'

바로는 입술을 꽉 깨물었다.

대기실로 나온 바로는 노트북 가방을 뒤지기 시작했다. 어머니가 위험한 고비를 넘겼다는 것을 확인하자 그에게는 새로운 힘이 솟구쳤다.

"그 노트는 뭐예요?"

선영이 바짝 다가와 물었다.

"응. 당신이 보내 준 단어들을 10개로 압축해서 계속 써보고 있던 중이야. 벌써 500번 이상씩 써보았는데, 쓰면 쓸수록 더 잘 모르겠네."

돌아오는 비행기 안에서 수백 번씩 써보았던 단어 노트를 선영에게 보여 주었다. 선영은 뒤적거리며 노트를 들춰보기 시작했다. 바로는 화장실에 가서 간단히 세수라도 하고 오겠다며 자리에서 일어섰다. 선영은 대기실 의자에 앉아 바로의 커다란 가방에 다리를 뻗고 최대한 편안한 자세로 노트를 읽기 시작했다. 그때 누군가 옆 자리에 털썩 앉는 소리가 났다. 선영은 돌아보았다.

"병원에서 오래 일하다 보면 가끔 기적같은 현상들을 목격하게 되지요."

중환자실의 갈색 커트머리 간호사가 일상복 차림으로 그녀 곁에 앉으며 말했다. 3일간 중환자실을 지키면서 몇 차례 이야기를 나눈 선영은 그녀가 참 따뜻한 마음을 가진 사람이라고 생각했다. 쭉 뻗었던 몸을 다시 일으켜 세우며 간호사의 이야기에 귀를 기울였다.

"5년 전 제가 산부인과에서 근무할 때였어요. 한 부인이 난산 끝에 생명이 위험하게 되었어요. 산모와 아이 둘 다 극히 위험한 상태였죠. 이 부인은 남편이 자살한 후 혼자된 불행한 여인이었답니다. 다행히 아이는 생명을 건졌는데 부인은 그만 의식불명 상태에 빠지고 말았어요."

그녀는 좀 피곤한 모양이었다. 손으로 얼굴을 세수하듯 비빈 다음 다시 눈을 껌뻑이더니 말했다.

"병원에서는 난감했어요. 보호자라고는 일곱 살짜리 아들뿐이었거든요. 그런데 이 아이가 얼마나 대단했는 줄 아세요? 병원비는 자기가 무슨 일을 해서든 갚을 테니 엄마를 살려 달라고 울부짖는 거예요. 병원에서는 긴급회의를 했어요. 규정에는 어긋나는 행동이었지만, 우선 생명을 살리고 보자며 대수술을 하게 되었죠."

선영은 가슴이 아팠다. 피곤해 보이는 간호사가 자기에게 이런 이야기를 들려주는 것도 고맙기만 했다. 그녀는 그때를 회상하듯 허공을 바라보며 말했다.

"수술은 무사히 끝났지만, 산모의 생명은 누구도 장담할 수 없을 만큼 위험한 상태였어요. 그런데 세상에, 이 꼬마가 사흘 밤낮을 아무것도 먹지 않은 채 엄마를 살려 달라고 기도하다가 쓰러진 거예요."

간호사의 목소리가 가볍게 떨렸다.

"그날 기적이 일어났어요. 산모의 의식이 극적으로 돌아왔고 수술비를 후원하겠다는 종교 단체가 나타난 거죠."

"아이는요? 그 소년은 어떻게 되었나요?"

간호사는 고개를 떨구었다.

"3일 동안 의식불명 상태에 빠졌다가 겨우 목숨을 건졌어요. 하지만 후유증으로 심장이 좋지 않아졌대요. 그 소년은 어머니를 살린 흔적을 평생 안고 살게 된 거죠."

"지금은 모두 건강하게 살고 있나요?"

간호사는 고개를 끄덕였다. 그녀는 핸드백에서 생수병을 꺼내 목을 축였다. 그리고 선영을 바라보며 따스한 눈길로 말했다.

"지난 사흘 동안 아주머니가 얼마나 정성 어린 손길로 할머니를 보살폈는지 잘 보았어요. 세 시간 전 아드님이 미국에서 돌아와 대기실에서 기다릴 때부터 할머니의 수치들이 정상으로 되돌아오는 것을 보면서 저는 그때 일이 생각나더군요. 계속 기도하세요. 오늘 밤을 무사히 넘길 수 있도록."

간호사가 떠난 후 선영에겐 감사의 마음이 차올랐다. 수십억, 아니 수백억 원이 될지도 모를 유산이 걸린 마지막 단서마저 포기하고 무조건 달려와 준 남편이 고맙기 그지없었다. 억제되었던 감정이 분출하며 선영의 눈앞이 뿌옇게 흐려졌다.

그때였다. 무심코 노트를 뒤적이던 선영의 희뿌연 눈에 무언가 새로운 것이 보이기 시작했다.

R-sponge-ability   R-sponge-ability   R-sponge-ability

R스펀지의 능력   R스펀지의 능력   R스펀지의 능력

선영이 펴놓은 페이지에는 Responsibility라는 단어가 500개쯤 깨알같이 적혀 있었다. 촉촉히 젖어 있던 그녀의 눈에는 이것이 R-sponge-ability(R스펀지의 능력)로 보이기 시작한 것이

다. 복도 끝에서 바로가 세수를 마치고 걸어오는 것이 보였다. 선영은 정신 나간 사람처럼 노트를 들고 복도를 달렸다.

"여보, 이것 좀 봐요. Responsibility라는 단어가 왜 제 눈에는 갑자기 R스펀지의 능력으로 보였을까요?"

바로의 눈이 커지기 시작했다.

"오, 정말. Responsibility가 R sponge + Ability로 나뉘어 보이기 시작하는군. Sponge의 g만 s로 바꾸면 Response가 되네. 반응하는 능력!"

두 사람은 서로를 마주 보았다. 할아버지가 그 신비한 탄성 물질을 R스펀지라고 이름 붙인 이유를 이제야 알 수 있을 것 같았다. 이 세상의 모든 탄성물질 중 가장 완벽한 반응 능력을 자랑하는 R스펀지의 위력은 이미 전 세계의 쿠션 소재로 퍼져 가고 있는 중이었다. 그렇다면 마음 쿠션의 비밀이라고 부제를 붙인 퀴즈 문제의 유력한 답은 Response + Ability가 되는 것이고 그걸 합한 답은 Responsibility가 된다.

바로는 눈에 힘을 주었다. 몸에 전율이 흘렀다. 의미를 생각하니 놀라웠다. 책임감이라는 단어는 결국 '반응하는'이라는 단어와 '능력'이라는 두 개의 단어가 결합되어 생긴 합성어였다. 반응하는 능력과 책임감.

'전혀 별개의 의미가 모여 새로운 뜻을 만들어 내는군.'

할아버지가 마음 쿠션이라고 이름을 붙인 자극과 반응 사이의 공간이란 결국 반응을 선택하는 능력을 얼마나 잘 키우는가에 달려 있다는 강력한 메시지를 담고 있었다. 바로는 핸드폰을 열어 남은 시간을 확인해 보았다.

D-4일 16시간 10분.

중환자실의 안과 밖에서 작은 기적의 불꽃이 막 피어오르고 있었다.

가장 강한 사람

　중환자실 앞 로비. 창밖의 먼 산 위로 붉은 태양이 선명하게 모습을 드러냈다. 로비에 붉은 기운이 스며들었다. 밤새 눈물의 기도를 멈추지 않은 두 사람은, 비가 그칠 새벽 무렵에야 피곤에 지쳐 대기실 의자에 걸터앉은 채 깜빡 잠이 들었다.

　아침 9시가 되자 중환자실의 문이 열리면서 면회가 시작되었다. 무균복으로 갈아입은 두 사람은 손을 꼭 잡은 채 어머니의 침상 쪽으로 걸음을 옮겼다. 담당 의사가 침상 옆에 차트를 펼쳐 들며 무언가를 열심히 체크하다가 두 사람이 곁에 오는 것을 보고 반갑게 미소를 지었다. 바로는 속으로 안도의 한숨을 내쉬었다.

　"축하 드립니다. 모든 수치가 거의 정상입니다. 밤새 전혀 악화되지 않으셨어요. 오후에 일반 병실에 자리가 나는 대로 옮겨도 될 것 같습니다."

어머니를 외롭게 떠나보내지 않게 되었다는 안도감에 바로는 아내의 손을 꽉 잡았다. 어머니는 어제 보았던 것보다 한결 편안한 얼굴이었다. 저렇게 편안해 보이는 얼굴은 바로가 처음 보는 것이었다. 마치 온몸의 독한 기운이 다 증발한 듯한 정갈함과 단아함으로 어머니는 그렇게 누워 있었다.

대기실로 돌아온 바로는 다시 심각한 얼굴로 아내를 바라보며 무언가를 말하려 망설이고 있었다. 남편의 불안한 표정을 읽자 선영에게 갑자기 두려움이 몰려왔다.

"혹시 뭐가 잘못되었어요?"

바로가 더듬거리며 말했다.

"만의 하나라도 우리가 풀어낸 Responsibility가, 정말 만에 하나라도 잘못된 것이면 어떻게 하나 두려워. 우리는 y로 끝나는 단어를 R로 시작할 것이라는 추정으로 문제를 풀어 왔잖아. 이 직감이 잘못된 것일 수도 있다는 생각이 자꾸만 들어. 그레고리가 꼭 봐야 할 것이라고 한 것이 무엇인지 계속 마음에 걸려."

선영은 고개를 떨구고 잠자코 귀를 기울였다. 바로는 그녀의 가녀린 두 어깨를 양손으로 꽉 잡으면서 말했다.

"지금이 금요일 오전 10시니까, 미국은 목요일 저녁 7시일 거야. 지난번에 그레고리에게 전화를 걸어 약속을 못 지킬 것 같다고 말했을 때, 어머니가 회복되면 언제든지 자기 집에 한번 들르라고 말했어. 오늘 마지막 비행기를 타면 토요일에 도착해서 하루 그분을 뵙고 거기서 일요일에 출발하면 월요일 밤까지 돌아올 수 있을 거야."

선영은 당혹스러운 표정을 지었다. 목구멍에 커다란 돌멩이가 걸린 듯 아무 말도 할 수 없었다. 겨우 한마디를 꺼냈다.

"저, 전화.. 전화로는 알아볼 수 없는 거래요?"

바로는 고개를 떨구었다.

"어디를 꼭 함께 가보고 싶다는 거야. 어디냐고 캐묻기 곤란했어. 느낌으로는 우리가 풀어낸 것이 정확한 답인지를 확인해볼 수 있는 마지막 기회라는 생각이 들어. 시간적으로 빠듯하지만, 전혀 불가능한 것도 아니야. 알아보니 다행히 항공권 사정도 여유가 있어."

선영은 결심을 굳힌 듯 표정을 바꾸며 말했다.

"알았어요. 어머니는 제가 책임지고 잘 모시고 있을 테니 당신은 무슨 일이 있어도 월요일 밤까지는 돌아오도록 해요."

노트르담 캠퍼스에는 따스한 햇살이 쏟아지고 있었다. 바로의 낙관적인 예상은 보기 좋게 빗나가 버렸다. 그레고리는 70대 후반의 나이에도 왕성한 활동을 벌이는 인물이었다. 그는 뉴욕에서 LA로, 런던에서 마드리드로 하루가 멀다 하고 비즈니스 파트너들을 만나고 다니는 타고난 여행가였다.

급한 마음에 무작정 미국행 비행기에 몸을 실었던 바로는 시카고 오헤어 공항에서 차를 빌려 사우스벤드 쪽으로 출발했다. 그의 생각은 오로지 그레고리가 함께 방문해 보자던 그 장소에 초점이 맞추어져 있었다.

시동을 걸면서 그가 덜컥 깨달은 두 가지 사실이 있었다. 첫째는, 그레고리가 지금 사우스벤드의 저택에 과연 있을까 하는 의문이었다. 두 번째는 실수로 핸드폰과 시계를 몽땅 한국에 두고 출발했다는 것이었다. 하지만 별문제될 것은 없었다. 이번 여행의 목적은 아주 짧고 단순한 것이기 때문이었다. 그레고리를 만나 잠시 어디를 다녀만 오면 되는 것이다.

그레고리의 집에 도착했을 때 그는 아직까지도 뉴욕 출장에서 돌아오지 않은 상태였다. 집사는 그레고리가 그날 밤 늦게 도착할 거라 했다. 바로는 벼랑 끝에 몰린 기분이었지만, 집사는 마음을 편히 먹으라고 위로해 주었다.

"주인님은 무슨 일이 있어도 주말에 집을 비우시는 법은 없으시답니다. 유럽에 나가셨다가도 토요일 밤에는 반드시 돌아오시죠. 일요일 밤에는 40년째 한 주도 빠지지 않고 친구들을 불러 포커 게임을 즐기시거든요."

바로는 고개를 끄덕이며 그레고리 저택의 거실에 놓인 괘종시계를 뚫어지게 바라보았다. 바로는 편안한 마음을 갖자는 반응을 선택했다. 집사는 지난번 일에 대한 사과라며 직접 점심을 준비했다. 그는 자신이 이탈리아 요리에 정통한 사람이라고 자랑하며 풀코스 이탈리아 요리를 대접했다. 부엌에서 그가 내어온 전채요리는 여행의 피곤을 부드럽게 풀어 주었고 메인으로 나온 생선요리의 소스는 감칠맛이 났다. 바로는 에스프레소 커피를 마지막으로 오랜만의 성대한 식사를 마쳤다.

그는 커피 잔을 손에 들고 천장 높은 저택의 거실로 다시 돌아왔다. 벽난로에는 모닥불이 지펴져 있었다. 그 옆으로는 콘솔이 놓였고 그 위로 수십 개의 사진 액자들이 즐비하게 걸려 있었다. 바로는 사진 하나하나를 꼼꼼히 들여다보았다. 그레고리와 할아버지가 함께 찍은 사진이 몇 장 눈에 띄었다. 민 박사와 할아버지, 그레고리 세 사람이 강가에서 낚시하며 환하게 웃는 흑백사진도 있었고 할아버지가 로널드 레이건 대통령과 함께 찍은 빛바랜 사진도 보였다.

사진들 사이로 액자 하나가 눈에 들어왔다. 레스토랑에서 흔히 볼 수 있는 냅킨 위에 만년필로 휘갈겨 쓴 메모를 표구해 놓은 작은 나무액자였다. 바로는 액자를 뚫어지게 바라보았다.

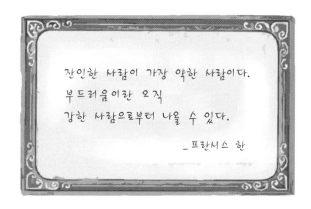

잔인한 사람이 가장 약한 사람이다.
부드러움이란 오직
강한 사람으로부터 나올 수 있다.

_프란시스 한

어느새 집사는 바로의 곁에 서 있었다.

"그레고리 주인님의 성격이 보통이 아니시거든요. 프란시스 회장님과 주인님 두 분은 결코 어울릴 것 같지 않은 파트너였는데 굉장한 시너지를 내는 것이 신기했습니다. 프란시스 회장님의 고결한 인품은 무쇠라도 녹일 수 있는 것으로 유명했어요.

한번은 회사일로 연구소 사람들과 그레고리 주인님이 크게 충돌한 적이 있었어요. 그때 회장님이 식사 대접을 하며 냅킨에 적어 주신 거라 하더군요.

　주인님은 그 사건 후 이 냅킨을 가보처럼 여기셨고 점점 부드러운 분으로 변하기 시작했어요."

　바로의 목을 타고 뜨겁고 진한 에스프레소 커피가 조금씩 흘러들었다.

이 세상에서 가장 큰 자유

"비행기가 몇 시 출발이라고 했나?"

지난밤 늦게 저택으로 돌아온 그레고리는 커다란 유리잔에 우유를 가득 채워 단숨에 마셨다. 거실의 괘종시계가 막 일요일 오전 10시를 알리고 있었다.

"오늘 밤 마지막 비행기예요. 오헤어 공항에서 밤 11시에 출발합니다."

"시간은 충분하군. 점심 먹고 다녀와서 저녁까지 먹고도 여유 있게 가겠어."

바로는 고개를 끄덕였다. 그레고리는 화요일 오전 11시 11분에 서울에서 있게 될 그 운명의 미팅에 대해서는 아무것도 알지 못했다. 바로는 호주머니에서 메모지를 꺼내 시간을 다시 한 번 확인해 보았다. 서울 시간에 촉각을 곤두세우고 있어야 했다. 그는 재빨리 메모를 훑어보았다.

'됐다. 시간은 넉넉하다. 그레고리가 함께 갈 곳이 차로 30분 이내의 거리라고 했으니, 이 정도면 밤 9시 30분까지는 공항에 충분히 도착할 수 있어.'

두 사람은 집사가 마련해 온 풍성한 점심을 마음껏 즐긴 후, 함께 출발 준비를 서둘렀다. 그레고리는 여독이 풀리지 않는다며 집사에게 운전을 맡겼다. 그레고리는 지난번과는 정반대로 검정색 중절모에 까만 정장 차림을 했고 은색 나비 넥타이를 맸다.

"오늘은 XJ가 좋겠어."

지팡이를 탁탁 내리치자 집사가 초록색 재규어의 뒷문을 열었고, 바로와 그레고리는 좌석에 몸을 실었다. 포근한 느낌이 전해져 왔다.

"재규어에는 이미 R스펀지가 들어가 있다네."

그레고리가 흐뭇한 표정을 지으며 말했다. 시계와 핸드폰이 없어서 답답했던 바로는 어딜 가든지 시계가 눈에 띄는 대로 시간을 확인해야만 했다. 재규어 승용차의 고풍스런 아날로그 시계는 오후 2시를 가리키고 있었다.

일요일의 봄 햇살은 화사하기 이를 데 없었다. 재규어는 미끄러지듯 사우스벤드 중심부를 빠져나갔다. 바로는 마음속으로 할아버지의 문제를 다시 한 번 정리해 보았다.

R_____+A_____ = _____y

Response + Ability = Responsibility(?)

다시 되새겨 보아도 틀림없이 할아버지의 의도를 짐작할 수 있었다. 다만, 마지막 단어를 R로 시작한다는 추정이 과연 바른 것인지는 좀 더 지켜보아야 할 것이다. 이제 곧 수수께끼가 풀릴 것이라 생각하며 바로는 천천히 눈을 감았다.

할아버지는 민 박사와의 치유 과정을 통해 삶의 고결함을 회복했고, 어떤 문제가 닥쳐도 그 문제에 휘말려 들지 않고 자신을 그 문제에서 떼어 놓는 엘리베이션 파워를 갖고 있었다. R스펀지를 개발하면서 할아버지는 이런 것을 발견했을 것이다.

인간의 몸이 닿는 모든 접촉면에는 쿠션이 필요하다. 의자, 소파, 침대 모두. 할아버지는 사람들이 일어나 걷는 시간 외에는 대부분의 시간에 어딘가에 몸을 접촉하고 있다는 것을 깨달았고, 그 모든 면에는 쿠션 물질이 삽입되어 있다는 것을 사업의 기회로 붙잡았다.

그렇다면 우리의 마음은 어떤가? 깨어 있는 시간의 대부분 우리는 외부의 자극에 노출되어 있다. 타인의 비난, 평가, 표정, 날아드는 문자메시지, 메일, 주어지는 과제들. 이 모든 자극들에 접하는 우리의 마음에도 쿠션이 필요하다는 것을 할아버지는 깨달은 것이다.

마음 쿠션의 비밀. 그것은 마음의 R스펀지인 Re-sponse, 즉 반응하는, Ability 능력을 갖추는 것. 상황에 따른 즉각적인 반응이 아니라 올바른 반응을 선택하는 것. 바로 그것이 이 세상을 우리가 책임 있고 성숙하게 살아가는 모습인 것이다. 그래서 반응하는 능력이 Responsibility, 곧 책임감이 되는 것이다. 과거의 쓴 뿌리와 주변 환경에 휘둘려 수동적으로 살아가는 삶에서 빠져나와 자신의 인생에 책임을 다하는 고결한 삶, 그것이 바로 참된 자유의 본질인 것이다.

'참된 자유?'

바로는 자신의 생각이 최종적으로 자유라는 단어에서 끝나자 고개를 갸웃거렸다. 그는 재빨리 자유에 해당하는 영어 단어를 떠올려보았다.

'Freedom?'

이건 분명히 아니다. Y로 끝나는 단어가 아니었다. 다시 뇌리에 한 단어가 떠올랐다.

'혹시 Liberty?'

바로의 뇌리에 섬광이 스쳤다. 갑자기 온몸의 힘이 쑥 빠져나간 듯 재규어의 좌석에 몸을 깊이 묻었다. 그동안 Responsibility가 정답이라고 철석같이 확신했는데, Liberty를 떠올리자 엄청난 혼란의 파도가 그를 뒤덮었기 때문이었다.

'반응을 선택하는 능력, 즉 Response + Ability가 진정한 자유에 이르는 길이라는 추정이 가능하다면 Liberty가 훨씬 더 정확한 표현이야.'

눈을 떠보았다. 재규어는 어느새 한적한 교외의 2차선 도로에 들어서 있었다. 작은 마을이었다. 귤나무처럼 보이는 낮은 키의 가로수가 길가에서 있었고 멀리 교회가 보였다.

"이제 다 왔네. 자네는 무슨 생각을 그리 골똘히 했나. 말도 못 걸겠더군."

그레고리가 미소를 지으며 말했다.

"이 영감이 와 있을지 모르겠네."

바로는 깜짝 놀라 그레고리에게 물었다.

"누구 또 오실 분이 계신가요?"

"가보면 알아."

아름다운 공원이었다. 파란 잔디밭이 광활하게 펼쳐져 있었고 멀리 동산 끝에는 작은 숲이 햇빛에 싱그럽게 반짝였다. 두 사람은 분수대를 지나 때 이른 봄꽃으로 가득한 화단을 가로질러 5분 정도를 걸었다. 맑고 신선한 공기를 맘껏 들이키자 온몸에 맑은 기운이 빠르게 퍼져 나가는 느낌이 들었다.

"저기가 바로 자네의 할아버지 프란시스 회장님께서 계신 곳이라네."

그레고리는 잠시 걸음을 멈추고 지팡이 끝으로 100미터 앞의 지점을 가리키며 말했다.

"이미 저기 와 있구만."

멀리서 새하얀 백합 꽃다발을 든 노부부가 다가왔다. 민 박사 부부였다. 바로의 가슴이 저려 왔다. 민 박사는 따스하게 바로를 안아 주며 말했다.

"프란시스가 떠난 지 불과 3개월밖에 되지 않았지만, 몇 년이 지난 것 같아. 지난 3개월 동안 우리는 틈만 나면 이곳을 찾았어. 이렇게라도 프란시스를 느끼고 싶은 거야."

그레고리가 더듬거리며 말끝을 흐렸다. 민 박사가 그레고리의 등을 토닥거렸다. 바로도 마음이 벅차오르기 시작했다. 나의 뿌리. 나를 이 세상에 있게 해 준 분. 죽음 이후에도 자신의 삶을 바로잡아 주기 위해 철저하게 준비해 놓고 돌아가신 할아버지를 생각하니 마음이 뭉클해졌다.

묘지는 전형적인 서양식 모습으로 꾸며져 있었지만, 특별히 화려하거나 남다르지는 않았다. 바로는 할아버지의 묘 앞에서 이마를 잔디에 대고 한참을 엎디어 있었다. 그레고리의 집사는 트렁크에서 의자를 꺼내 그들에게 가져왔다. 네 사람은 할아버지의 묘 앞에 동그랗게 앉았다. 바로는 할아버지의 묘를 정면으로 마주하고 앉게 되었다.

흐르는 눈물을 손수건으로 닦자, 바로의 눈에 그제서야 할아버지의 묘비가 제대로 보이기 시작했다. 할아버지의 이름과 태

어난 날, 돌아가신 날이 작은 글씨로 적혀 있었고, 그 아래 조금 큰 글씨로 한 단어가 새겨져 있었다.

바로의 마음 밑바닥에서부터 견딜 수 없는 뜨거운 물결이 밀려 올라왔다. 만일 이 현장을 찾아와 보지 않고 성급하게 Responsibility가 정답이라고 제출했더라면 어떻게 되었을까를 생각하니 온몸에 전율이 흘렀다. 바로의 마음속 화이트 보드에 커다란 글씨가 아로새겨지기 시작했다.

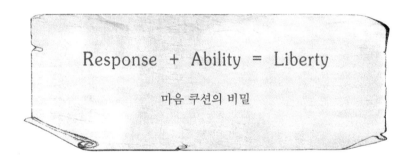

Response + Ability = Liberty

마음 쿠션의 비밀

"freedom은 외부적 지배나 간섭이 없는 상태의 소극적인 자유를 뜻하지만, liberty는 선택의 자유, 속박에서의 해방이라는 뜻이 내포되어 있어. 할아버지는 어떤 상황에서도 흔들림 없는 진정한 자유를 누린 분이시지."

민 박사가 두 단어의 차이에 대한 질문에 답하고 있을 때였다. 부인이 핸드백에서 무언가를 꺼내 들었다.

"자네 할아버지가 생전에 가장 즐기던 시였지. 우린 이곳에 함께 올 때마다 그 시를 꼭 낭송해 드린다네."

민 박사가 고개를 끄덕이며 부인에게 따스한 미소를 보냈다. 그녀는 마치 기도하는 소녀처럼 다소곳한 모습으로 시를 낭송하기 시작했다.

 그대는 배에 대해 알고 있다

강에 돌을 던지면,

돌은 강바닥에 가라앉을 것이다.

어떤 돌도

꽃처럼 물 위에 뜰 수 없다.

하지만 만일 그대가 배를 갖고 있다면,

그 배는 수십 킬로그램의 돌을 실어도

물 위에 뜰 것이다.

마찬가지로 그 정도의 고통이 그대 안에 있어도

배만 갖고 있다면

그대는 여전히 뜰 수 있다.

그대는 즐거운 마음으로 배를 저으며 강이나 호수를

가로지를 수 있다.

깨어 있는 마음에서 에너지를 얻는 법을 배우라.

깨어 있는 마음이란,

감싸 안고, 실어 나르고, 변화시킬 수 있는 배다.

우리 안에 있는 고통과 슬픔, 어려움에 대해

너무 걱정하지 말라.

우리가 배를 가지고 있다면 고통이 우리 안에 있어도

우리는 여전히 행복하게 살아갈 수 있다.

– 무명인

8시간의 통곡

공항까지는 30마일을 남겨 두고 있었다. 일요일 밤의 고속도로는 주말을 보내고 시카고 쪽으로 복귀하는 차량들로 가득했다. 차들은 가다 서다를 반복했다. 바로의 차는 이제 막 인디애나 주의 서쪽 경계선 끝에 다가섰다. 네비게이션 시계를 보았다. 일요일 밤 9시 45분을 막 지나고 있었다.

아직까지 동부 시각이었기에 중부시각인 시카고의 현지시각으로는 저녁 8시 45분인 셈이었다. 출국을 위해서는 중부시각으로 9시 30분까지는 공항에 도착해야 안심할 수 있는 상황이고, 아무리 늦어도 밤 10시까지는 도착해야 11시 비행기에 탑승할 수 있을 것이다.

도로가 다소 혼잡스럽기는 했지만, 바로는 엘리베이션 파워를 실천하며 느긋한 마음으로 미래를 상상하기 시작했다.

'할아버지의 유산은 도대체 얼마나 될 것인가?'

바로의 마음에 뭉게구름처럼 희망이 피어올랐다. 머릿속으로 현재 자신이 지고 있는 부채 규모부터 파악해 보았다. 퇴직하며 급한 사채들을 끄긴 했지만, 여전히 불씨가 남아 맹렬히 타오르고 있지 않았던가? 유산을 현금화해 부채들을 완전히 정리해 버리는 순간을 상상만 해도 흥분이 몰려왔다.

'그 다음에는 집부터 장만해야지. 그 다음에는…… 그레고리가 타고 다니던 재규어 XJ가 정말 괜찮던걸? 승용차는 그걸로 하자.'

바로는 모니터를 다시 바라보았다. 15마일이 남았다. 다행이었다. 이대로만 도착하면 모든 것은 끝나게 된다. 그때였다. 바로의 승용차가 인디애나 주에서 시카고가 속한 일리노이 주의 경계선을 통과했음을 알리는 경쾌한 알람 소리가 들렸다.

"여기서부터는 일리노이 주입니다!"

화면에서 여자 음성이 크게 울렸다. 바로는 주먹을 불끈 쥐며 혼자 환호성을 질렀다. 다시 정면을 주시했을 때 네비게이션 쪽에서 무언가 이상한 기운이 느껴졌다. 바로는 화면을 황급히 다시 쳐다보았다.

인디애나 주 경계에서 마지막으로 보았던 시각은 분명 밤 10시 5분이었다. 일리노이로 넘어오면 GPS가 경계선을 자동으로 인식해 중부시각에 맞추어 밤 9시 5분으로 변환을 해 주어야 하는데, 여전히 인디애나 시간인 10시 5분으로 표기되고 있었던 것이다. 며칠 전 어머니 일로 급히 귀국할 때는 물론이고 어제도 시카고에서 사우스벤드로 넘어올 때 분명히 자동 변환이 작동되었고, 중부시각이 이 지점에서 즉시 동부시각으로 변했던 것을 바로는 기억했다.

'10시 5분?'

혼란스러웠다. 도로는 시카고 다운타운 쪽으로 접근해 갈수록 막히기 시작했다. 바로는 불편한 마음을 달래기 위해 떨리는 손으로 라디오 채널을 돌리기 시작했다.

'분명히 GPS 인식 기능이나 시간 변환 장치 둘 중 하나에 작동 오류가 생긴 거야. 너무 염려하지 마, 한바로.'

승용차의 전자시계는 공항에서 임대할 당시의 시카고 시각에 맞추어져 있었기에 9시 5분으로 표기되어 있었고 바로는 애써 모니터의 시간을 무시하면서 마음을 달랬다. 씁쓸한 기분을 떨치기 위해 바로는 다시 행복한 상상에 젖어 들기 시작했다.

'집을 장만하고, 재규어를 사고, 남은 돈은 몽땅 펀드에 잘라 넣어 버려야겠어. 가만 있자. 한 2~3억은 여유 자금으로 쓸

수 있도록 현찰로 보유해야겠군. 어머니가 회복되면 모시고 일본 온천 여행이라도 다녀와야겠어. 아예 미국으로 이민을 와 버릴까?'

멀리 오른쪽 차창 밖으로 존 행콕 센터가 보이기 시작했다. 두 개의 송신 타워는 야간 조명으로 거대한 뿔처럼 보였다. 시카고의 수려한 마천루들이 색색의 조명으로 빛나고 있었고, 미시간 호수의 잔잔한 물결에 반사된 빌딩들의 모습은 더할 나위 없이 아름다웠다.

존 행콕 센터를 보면서 바로는 할아버지를 떠올렸다.

"할아버지는 은퇴하기까지 존 행콕 센터의 92층 가장 높은 맨션에 사셨다네. 정말 멋진 집이었지. 40층의 집무실에서 92층까지 엘리베이터를 타고 오르실 때마다, 엘리베이션 파워를 늘 마음속에 되새겼다고 하셨어. 그분은 사업이 잘되어 흥분된 상태에 이를 때에도 자신을 그 상황에서 분리시켜 평정심을 잃는 법이 없으셨다네."

그레고리의 설명이 귀에 생생하게 들리는 듯했다. 시선을 거두어 다시 가다 서기를 반복하는 도로 쪽으로 옮기려는 순간, 바로의 눈에는 10시 35분으로 숫자가 바뀌는 시계가 눈에 들어왔다. 불쾌한 기분이 다시 스칠 때 바로의 귀에 시카고 클래식 방송 라디오 진행자의 목소리가 들렸다.

"현재 시각 시카고 인근의 모든 고속도로가 대부분 정체 상황이라고 합니다. 운전자 여러분께서는 시카고 클래식에 주파수를 고정하시고, 편안한 음악과 함께 정체 상황에서도 평정을 잃지 마시기를 바랍니다. 시카고의 현재 시각은……"

바로는 침을 꿀꺽 삼켰다. 진행자는 잠깐 시계를 확인하는 듯, 말을 멈추었다가 이렇게 말했다.

"3월 9일 일요일 밤 10시 42분입니다."

바로의 귀에 갑자기 엄청난 크기의 사이렌 소리가 울려 대기 시작했다. 승용차 안에는 라흐마니노프의 피아노 협주곡 3번이 장엄하게 울려 퍼졌지만, 바로의 귀에는 사이렌 소리만 계속 들릴 뿐이었다.

얼마를 그렇게 달렸을까? 저 멀리 공항의 관제탑이 보이기 시작했다. 왼쪽 창문 쪽으로는 착륙 대기를 하고 있는 비행기들이 빛을 반짝이며 줄지어 있었다. 모니터의 시계는 10시 50분이었다. 공항 터미널 입구의 렌터카 반납 표지판을 확인하고 차를 오른쪽으로 꺾었다.

렌터카 반납을 마친 후 바로는 노트북 가방을 어깨에 맨 채 공항 터미널 쪽으로 전속력으로 달렸다. 주차장과 터미널을 연

결하는 램프에서 청사 밖의 흔들리는 시계탑이 바로의 시야에
스쳤다. 이미 시각은 11시 8분을 넘어가고 있었다.

'안돼. 제발. 안돼. 나를 버리고 떠나면 안돼. 안돼.'

모든 상황은 그렇게 끝나 버리고 말았다. 매년 3월 둘째 주
일요일 새벽, 미국 대륙에 존재하는 모든 시계는 1시간 앞으로
당겨져야 한다. 벤자민 프랭클린이 개발했다는 일광시간 절약
제도, 즉 서머타임이 시작되는 날이 하필 그날이었던 것이다.
바로가 귀국해야 할 일요일이 공교롭게도 3월의 둘째 일요일이
었던 것이다.

인디애나 주 사우스벤드 지역은 미국에서도 특이하게 서머
타임이 적용되지 않은 도시라고 했다. 아리조나 주 일부 도시와
인디애나 주 북부의 몇 도시가 서머타임 예외 적용 도시였다.
사우스벤드 지역에서는 시간을 앞으로 당길 필요가 없었던 것이
다. 서머타임 시즌에는 시카고의 시간과 사우스벤드의 시간
이 같아져 버리는 셈이었다.

오랫동안 그곳에 살아왔던 그레고리나 민 박사 부부, 집사 등
은 자연히 서머타임에 별 관심을 갖지 않았다. 바로 역시 온 정신
을 단어 맞추기에 집중하느라 뉴스를 들어볼 마음의 여유도 TV를

켤 시간도 없었던 것이 가장 큰 문제였다. 비행기는 바로를 홀로 버려둔 채, 그렇게 인천을 향해 정각 11시에 날아올랐다.

다음 비행기는 하루 뒤에나 있었고, 모든 환승 비행기 편도 월요일 오전부터나 가능했다. 하지만 20시간 이상 걸리는 환승 편을 타는 것이나, 반나절 늦게 월요일 밤의 직항 편을 타는 것이나 한국에 수요일 새벽에 도착하는 것은 마찬가지였다. 바로는 터미널의 긴 의자에 몸을 뻗고 숨을 헐떡거렸다. 눈물조차 나오지 않았다.

바로는 임대한 차를 공항 근처의 한적한 언덕에 세워 두고 밤을 지새웠다. 그는 밤새 한순간도 눈을 붙이지 않았다. 마치 진공상태에 빠진 것처럼 그의 머리에는 아무런 생각도 떠오르지 않았고, 그의 가슴에는 아무런 감정도 느껴지지 않았다. 단지 눈이 빠질 것처럼 아플 뿐이었다.

자신이 모든 것을 날려 버렸다는 것을 도무지 인정할 수 없었다. 이건 분명히 악몽일 것이다. 틀림없이 무언가 잘못된 것이다. 지금 여기에 고통스럽게 앉아 있는 자신은 한바로가 아닌, 가공의 인물일 것이다.

이제 공항으로 돌아가면 제시간에 도착할 수 있는 비행기가 기다리고 있을 것이다. 바로는 그런 망상들로 머릿속이 뒤죽박죽되어 아무 생각도 할 수 없었다. 다시 눈에 지독한 통증이 몰려왔다. 멀리 하늘과 땅의 경계가 서서히 밝아 오기 시작했다. 바로는 이게 꿈이라면 어서 깨어나고 싶은 마음이 간절했다.

저 멀리에는 바다처럼 끝없이 펼쳐진 미시간 호가 바라보였다. 동쪽 수평선이 서서히 붉게 물들더니 잠시 후 붉은 태양이 장엄하게 떠오르기 시작했다.

이글거리며 솟구쳐 오르는 태양이 시야에 들어오기 시작한

순간, 바로의 뇌리에 겁에 잔뜩 질려 있는 아내의 얼굴이 스쳤다. 연이어 어머니의 초췌한 모습이 떠올랐고 작고 여린 딸과 이제 네 살배기인 아들이 고통 가운데 울부짖는 모습이 나타났다가 사라졌다.

승리의 쾌감에 전율하는 한위로의 뻔뻔한 얼굴도 갑자기 나타났다. 그리고 다시 아내의 어두운 얼굴. 바로는 마음 한구석이 마치 날카로운 송곳으로 찌른 것처럼 아파 오기 시작했다. 마취에서 풀려나 엄청난 통증을 느끼기 시작한 환자처럼, 바로의 모든 감각기관에 터질 듯한 고통이 밀려왔다.

너무 고통스러운 나머지 절로 눈물이 쏟아졌다. 억제할 수 있는 울음이 아니었다. 겹겹이 싸서 방어막을 쳐 두었던 감정의 뇌관을 떠오르는 태양이 건드리기라도 한 것일까? 화산이 터져 순식간에 용암이 흘러넘치듯, 지난 몇 년 동안 억눌러 왔던 바로의 모든 감정이 그렇게 온몸을 떨며 분출되기 시작했다.

아버지에 대한 분노와 회한, 사채를 쓰며 근근이 버텨야 하는 자신의 상황, 자신의 유산을 강탈해 간 한위로에 대한 적대감, 서머타임조차 염두에 두지 못했던 자신의 어리석음에 대한 분노의 통곡이었다. 그것은 미래에 대한 두려움의 눈물이기도 했다. 할아버지의 유산에 마지막 희망을 걸었지만, 그 모든 것이 와르르 무너져 버렸다는 절망감이 온몸을 타고 흘렀다. 호흡이 거칠고 가쁘게 반복될 때마다 칼로 찌르는 듯한 통증이 가슴 쪽에 전해졌다. 차라리 이대로 세상이 끝나 버렸으면 좋겠다는 마음이었다.

떠오르는 태양과 함께 시카고는 분주하게 돌아가기 시작했다. 출근길의 도로는 꽉 막혔고, 하늘에는 연달아 이륙한 비행기가 사방으로 출발했다. 세상은 태연히 새로운 한 주를 시작했지만, 바로는 지금 그 지점에서 단 한 발도 앞으로 나가지 못하고 세상으로부터 버림 받은 존재가 되어 있었다.

'온 세상이 나를 버린 거야.'

바로는 그 후로도 8시간을 멈추지 않고 흐느꼈다. 온몸의 진액을 모두 눈물로 비워 내려는 듯 바로는 그렇게 울었다.

내 안에 조각배 한 척이 들어왔다

차 안의 전자시계가 오후 3시로 막 넘어갈 때였다. 동이 틀 무렵부터 한순간도 멈추지 않고 들썩이던 바로의 어깨가 마치 건전지가 방전되어 힘없이 쓰러지는 장난감 인형처럼 그렇게 꺼지듯 움직임을 그쳤다.

눈물샘이 완전히 말라 버린 눈은 이미 토끼처럼 붉게 충혈되어 있었다. 자신의 인생에서 이토록 길고 진한 통곡의 시간이 과연 있었던가? 난생 처음 겪어 보는 일이었다.

썰물이 되어 완전히 개펄이 드러난 바닷가에서 아무도 느끼지 못할 속도로 밀물이 시작되는 것과 같은 조심스럽고 부드러운 변화가 바로의 내면에서 일어나기 시작했다. 딸꾹질 같은 헛

웃음이 나왔다.

가슴 한구석에 지독한 통증이 다시 느껴졌지만, 이번에는 후련함과 쾌감이 느껴지기도 했다. 바로는 자신의 손바닥을 가슴에 댔다. 심장이 고동치는 느낌이 태동처럼 분명하게 느껴졌다.

"배를 띄워라!"

바로는 소스라치게 놀라 주위를 두리번거렸다. 분명히 누군가가 자신의 귀에 대고 큰 소리로 외치는 것 같았다. 하지만 아무도 없었다. 여전히 차 안에는 바로 혼자였다.

할아버지 목소리 같기도 하고 그레고리의 음성인 듯한 느낌도 들었다. 섬뜩한 느낌에 바로는 다시 한 번 찬찬히 주위를 살폈다. 차에서 내려 자동차 주변을 모두 둘러보기까지 했다. 아무도 없었다. 다시 운전석에 앉아 머리를 뒤로 젖힌 채 눈을 감았다.

'이제는 헛소리까지 들리는군. 제정신이 아닌 거야.'

그때 다시 한 번 그 소리가 강하게 들려왔다.

"배를 띄워라!"

바로는 깜짝 놀라 벌떡 일어나다 천장에 머리를 부딪히면서 반동으로 다시 자리에 털썩 주저앉고 말았다. 어지러웠다. 주변은 여전히 고요했다. 다시 귀를 기울여 보았지만, 더 이상 그 소리는 들리지 않았다.

그는 창밖으로 시선을 던졌다. 멀리 공항 활주로 쪽에는 비행기들이 하염없이 이륙과 착륙을 반복하고 있었다.

"쉭-."

거대한 엔진 소리와 함께 또 한 대의 비행기가 활주로를 맹렬하게 달리더니 서서히 공중으로 떠오르고 있었다. 보잉 747 점보 제트기였다. 그토록 무거운 동체에 수백 명의 승객을 실은 비행기가 두둥실 하늘로 떠오르는 모습이 장관이었다.

그의 마음속에서 따스하고도 새로운 무언가가 안개처럼 피어나기 시작했다. 바로의 마음에 고요한 평화가 깃들기 시작했다. 이번에는 앙증맞은 레어젯 45 자가용 비행기가 반짝이는 은빛 날개를 흔들며 가뿐하게 이륙했다. 랜딩기어를 접어 그 작은 몸체 안으로 쏙 숨기며 짙푸른 하늘 속으로 점점 멀어져 갔다.

"배를 띄워라?"

바로는 이륙하는 비행기들을 바라보면서 아까 들었던 묘한 음성을 흉내 내보았다. 섬광처럼 어떤 생각이 그의 뇌리를 스쳤다. 어제 할아버지의 묘에서 민 박사 부인이 낭송했던 시가 생각났다. 그는 주머니를 뒤지기 시작했다.

그녀는 바로에게 손수 메모했던 그 시를 작별의 선물로 주었다. 몇 줄을 읽어 가던 바로는 다음 구절에서 눈을 멈추고 다시 깊은 생각에 잠겨 들었다.

어떤 돌도

꽃처럼 물 위에 뜰 수 없다.

하지만 만일 그대가 배를 갖고 있다면,

그 배는 수십 킬로그램의 돌을 실어도

물 위에 뜰 것이다.

마찬가지로 그 정도의 고통이 그대 안에 있어도

배만 갖고 있다면

그대는 여전히 뜰 수 있다.

'만일 그대가 배를 갖고 있다면!'

그렇다. 중요한 것은 내 안에 조각배를 띄우는 일이다. 인생의 바다를 건너 행복의 목적지에 도달하기 위해서는 반드시 배가 필요했다. 바로는 그레고리가 말했던 할아버지의 생각을 집중해서 다시 떠올렸다.

환경이 주는 자극에 대해 내가 자유의지를 갖고 해왔던 선택,

바로 그 결과물이 지금의 나일세.

'그동안 내 인생에 던져진 자극에 대해 내가 어떤 반응을 선택해 왔는가의 결과가 지금의 내 모습이라면, 10년 후의 내 모

습은 지금 이 순간부터 나에게 주어지는 자극에 대한 나의 반응들이 결정짓게 될 것이다!'

바로는 더 이상 과거처럼 살고 싶지 않다는 결연한 마음이 불같이 일어나는 것을 느낄 수 있었다. 민 박사 부인이 했던 말이 떠올랐다.

"이 쿠션을 한번 보세요. 우리가 편안하게 소파에 기댈 수 있도록 완충역할을 해 주고 있지요? 우리 내면에도 쿠션 같은 완충 공간이 있어서 그곳을 통과하면서 외부의 자극이 걸러지고 순화되어 올바른 반응을 선택할 수 있도록 해 주는 거지요."

몇 분 전까지 그토록 쏟아지던 눈물은 어쩌면 자신이 살아온 그동안의 인생에 대한, 그 수없이 많았던 자극에 잘못된 반응을 선택한 것에 대한 뉘우침과 후회의 눈물이었을지도 모른다는 생각이 들었다. 아니, 더 솔직히 말하자면 자극에 아무런 반응도 선택하지 않은 채 되는 대로 자신을 방치한 지독한 정신적 게으름에 대한 통한의 눈물이라는 편이 더 나을 것이다.

침대도 없는 딱딱한 방바닥처럼 굳어져 있던 자신의 마음속, 그 안에는 어떤 쿠션도 존재하지 않았다. 모든 것을 주변 상황과 타인의 책임으로 돌리며 스스로에게는 방어막만 딱딱하게 입혀온 자신이 적나라하게 느껴졌다.

'이제 더 이상 그렇게 살지는 않을 거야!'

바로는 담담한 평정심을 찾으면서 알 수 없는 후련함이 마음 깊은 곳으로부터 퍼지는 것을 느꼈다. 눈물이 치료제와 해독제가 되어 내면의 딱딱함들이 녹고 있었다.

'이 모든 것의 책임은 바로 나 자신에게 있어. 내가 의지를 갖고 모든 상황에서 올바른 반응을 선택하는 것, 그 자유를 회피해 왔던 거야.'

그는 자신을 둘러싸고 있는 현재의 환경, 즉 자극이 과연 어떤 것인지를 냉정하게 분석하기 시작했다.

'그래. 나에게는 돈이 없다. 아니, 수억의 빚이 발목을 잡고 있지. 언제 돌아가실지 모르는 어머니가 있고, 유약한 아내, 철없는 아이들이 전부지. 직장은 날아갔고, 그나마 유일한 희망이었던 책도 잘 써지질 않아. 더구나 유산에 욕심을 내다가 수백만 원의 아까운 경비만 날렸어. 이것이 지금 현재의 내 모습이야.'

엄청나게 커다란 바위 덩어리가 내리누르는 느낌에 바로는 숨이 막혔다.

'조각배를 선택할 수 있다는 것을 잊지 말자.'

바로는 자신의 절망적인 상황 가운데서 희망의 단서가 무엇인가를 생각하기 시작했다. 눈앞에는 끊임없이 비행기들이 이륙하고 있었다.

바로는 스르르 자신의 몸에서 빠져나와 둥실 떠오르는 상상
을 했다. 운전석에 앉은 자신을 바라보며 스스로의 귀에 이렇게
소근거렸다.

'저 비행기를 봐. 네 안에 조각배가 있다면 바위 덩어리를 옮
길 수 있는 거지만, 점보 제트기가 있다면 수백 명의 사람과 엄
청난 무게의 화물까지도 빠른 시간 안에 목적지까지 운반할 수
있는 거야. 너에게 있는 짐을 생각할 것이 아니라 그 짐을 운반
할 수 있는 너의 능력을 키우는 것이 중요한 거야.

할아버지는 점보 여객기를 소유한 분이었지. 지금 당장 너에
게 필요한 것은 아주 작은 조각배 한 척이야!'

스스로에게 이렇게 타이르자 바로는 마음이 후련하고 자유
로워졌다. 마음속 깊은 곳에 평안이 깃들기 시작했다.

'더 이상 낮아질 곳이 없다는 것은 뒤집어 생각하면 이제는
딛고 일어서는 일만 남았다는 뜻이지.'

주위의 자극을 대하는 내면의 반응 구조를 바꾸자 놀랍게도
상황이 다르게 보이기 시작했다. 마치 화학 구조식을 바꾸면 생
성되는 물질이 완전히 다른 것처럼.

'내 안에 조각배 한 척이 들어왔어.'

바로는 이 조각배가 바로 자신에게 필요한 마음의 쿠션이라

는 것을 깨달았다. 그는 저 멀리 하늘을 바라보았다. 결정적인
순간에 자신의 내면에 커다란 음성을 들려준 사람이 누군지를
깨달았다. 고결한 분. 끝까지 나를 책임져 준 그분에 대한 감사
가 마음 깊은 곳에서 솟구쳤다.

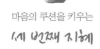

마음의 쿠션을 키우는
세 번째 지혜

매 순간 올바른 반응의
선택능력을 키워
진정한 자유를 누리자

📖 우리의 하루를 좌지우지하는 감정은 생각을 통해 나오며 우리가 생각을 선택하면 감정도 통제할 수 있다. 내가 내 생각을 선택하는 것이 자유의 핵심이다.

📖 내면에서 시작된 이 작은 변화는 나비효과처럼 우리의 주변 상황을 바꾸는 마법의 힘을 갖는다.

📖 우리는 더 이상 외부의 환경에 지배를 받지 않고 스스로 독립적으로 반응을 선택할 수 있는 힘을 갖게 되며 이는 자신의 인생에 책임을 지는, 진정 자유로운 삶이다.

진정한 유산

5장

"할아버지의 흔적이 곧 제 삶의 치유제가 되었죠.
반응을 선택하는 새로운 가능성의 공간.
그것을 발견하고 키워 가는 것이 저를 자유롭게 만들어 주는 힘이라는 것.
할아버지가 전하려는 메시지가 점점 크게 다가왔어요."

키워진 쿠션

상도동 연립주택가 화단에 심어진 개나리들이 앞 다투어 피어나기 시작했다. 나뭇가지마다 연초록의 새순들이 터져 나오는 새 생명의 계절이 시작되었다.

"이제는 거실의 비닐들을 뜯어내도 될 것 같지 않아요?"

선영이 밝은 표정으로 바로를 향해 물었다. 바로는 말없이 고개를 끄덕여 주었다. 아내는 흰 장갑을 낀 채 콧노래를 부르며 일하기 시작했다. 마음 쿠션의 비밀을 온몸으로 깨달은 것은 바로였지만, 아내 선영은 아주 빠르게 그 깨달음을 자신의 삶에 녹여내고 있었다.

상상할 수 없을 정도로 힘들어할 줄 알았던 아내는 오히려 바로보다 훨씬 더 빠르게 현실을 수용하고 극복해 나갔다. 선영의 이런 태도가 그에게는 큰 힘이 되었다. 비닐을 다 뜯어낸 아내가 바닥에 쭈그리고 앉아 노트북에 글을 쓰고 있던 바로에게 물었다.

"편집장님이 당신을 용서해 준대요?"

바로는 계면쩍은 미소를 지으며 뒤통수를 긁적였다.

"1주일 동안 찾아가서 빌었잖아. 이제 마음이 좀 풀린 것 같아. 다시 써도 좋다는 허락을 받아 냈지."

선영은 한 달 전, 미국에서 돌아온 남편을 보고 적잖은 충격을 받았다. 유산 상속에 실패했기 때문이 아니었다. 한바로가 낯선 사람이 되어 돌아왔기 때문이었다. 그는 잃어버린 유산뿐 아니라, 자신과 가족 앞에 벌어질지도 모를 미래의 모든 불안감으로부터 자유로운 사람이 되어 있었다.

거액의 유산을 받은 것보다 남편의 이런 변화가 선영에게는 더 큰 변화로 다가왔다. 무엇보다 아이들을 대하는 태도가 확연하게 달라졌다. 그에게 아이들은 물론 소중한 존재였겠지만 현실적으로는 짐이자 일을 방해하는 존재들이었다. 그러나 이제는 아이들의 표정만 보고도 아이들의 감정 상태를 읽어 낼 정도로 발전해 있었다. 하루는 이렇게 말하기도 했다.

"아이들의 천진난만한 웃음이 이렇게까지 큰 힘을 줄 수 있다는 사실이 놀랍고 신기해."

짐이 아니라 힘으로 변한 아이들. 바로가 변한 가장 큰 증거였다.

그렇게 보름 정도가 지난 후부터 선영은 남편이 정말 변했는지, 아니면 이것이 단지 일시적인 현상인지를 확인하고 싶었다. 그래서 그를 시험하는 자극적인 이야기들도 수위를 조절해 가면서 지혜롭게 흘려보았다. 하지만 바로는 그 시험에 넘어가지 않았다.

예전처럼 쉽사리 분노를 쏟아 내거나 흥분한 모습은 거의 보이지 않고 차분하고 조리 있게 자신의 생각을 담담히 말할 뿐이었다. 선영은 비닐을 뜯어낸 기념으로 남편에게 큰 충격을 줄지도 모르는 이야기를 건네 보기로 결심했다.

"그런데 당신은 정말 괜찮은 거예요? 그 엄청난 유산이 모두 한위로에게 홀랑 넘어갔는데도요?"

선영은 조마조마한 표정으로 실눈을 뜬 채 바로의 반응을 지켜보았다. 바로는 잠시 생각하는 표정을 짓더니, 이내 팔짱을 낀 채 밝은 표정으로 대답했다.

"어제 출판사에 다녀오면서 내가 누굴 만났는지 알아?"

선영은 가늘게 뜬 눈을 동그랗게 바꾸며 고개를 저었다.

"다니엘 그린 변호사를 만났어. 한국에 출장 나왔는데 한번 보자고 연락했더군. 차 한 잔 했어. 그가 할아버지의 유산에 대해 아주 자세하게 알려 주더군. 그런데 이 이야기를 당신이 들어도 될지 몰라. 듣고 나면 오늘 밤부터는 잠이 안 올 텐데……."

오히려 자신을 걱정해 주는 그의 모습에 선영은 말할 수 없는 듬직함을 느꼈다.

"걱정 말고 말해 봐요. 난 끄떡없으니까요."

"한위로가 받은 유산은 실로 대단하더군. 어느 정도 짐작은 했지만 말이야. 드림쿠션 주식 15만주를 받았대. 나스닥에 상장된 주식이거든. 한 달 전 주식 가격이 121달러였는데, 오늘 확인해 보니 135달러로 올랐던데. 우리 돈으로 치면 200억 원 조금 못 미치는 금액이지."

선영 역시 팔짱을 낀 채 흥미로운 눈빛으로 반응했다. 그녀가 말했다.

"흥. 겨우 200억? 장차 내 남편 몸값의 10분의 1도 안 되네!"

바로가 대답했다.

"어? 별로 놀라지 않는다 이거지? 근데 그게 다가 아니에요. 사우스벤드에 농장이 하나 있었는데 그게 꽤 되지? 2천 에이커

라나, 3천 에이커라나. 그리고 미주리 주 스프링필드에 투자해
둔 건물이 두 동 있는데 이게 다운타운에 있는 거래. 주식은 사
실 용돈 정도일 뿐이더라고, 하하."

선영이 시무룩한 표정을 짓더니 이내 얼굴색을 바꾸며 바로
에게 다가왔다.

"하지만 여보. 난 당신 한 사람만 반듯하게 서 있으면 세상
전부를 다 준다고 해도 바꿀 마음이 조금도 없거든요. 그러니까
내겐 당신이 전부예요. 힘내요."

바로는 아내를 꼭 안아 주었다. 선영이 남편의 귀에 대고 속
삭이듯 말했다.

"당신의 마음속에 싹트고 있다는 그 쿠션의 위력이 이제는
정말 피부로 느껴지는 걸요."

"그래? 나도 요즘의 내가 잘 이해가 안돼. 예전 같으면 발끈
했을 만한 일들이 쉴 새 없이 벌어지는데도, 이렇게 마음이 편
안한 걸 보면 내 안에 뭔가가 변하긴 한 모양이야. 반응을 나 스
스로 선택할 수 있는 능력을 깨닫는다는 것이 이렇게 큰 변화를
가져오는 게 신기할 따름이고."

"이런 변화를 과연 돈으로 살 수 있을까요? 전 차라리 당신
이 유산을 받지 못한 것이 오히려 다행일 수도 있다는 생각마저
들어요. 이런 자유로움을 누리고 있는 요즘의 모습이 정말 멋지

고 든든하게 느껴져요. 고마워요, 여보.”

선영은 남편의 눈동자를 보며 잔잔하게 감사의 마음을 전했다.

책을 쓰기 위해 바로는 온종일 노트북과 씨름했다. 여전히 지옥의 메시지는 한 달에 10통씩 날아들었다. 퇴직금과 위로금에서 남은 돈은 올 여름이 오면 모두 바닥을 드러낼 것이다. 하지만 바로는 의외로 담담하게 하루하루를 이겨 나갔다.

그렇게 시간이 다시 흘렀다. 5월 어린이날을 지나 햇살이 점점 따갑게 피부에 내리쪼이기 시작하던 어느 날, 노트북에 코를 박고 원고 작업에 골몰하던 바로에게 메일이 한 통 도착했다. 작업의 흐름이 끊기는 것을 싫어하는 바로는 한참 동안이나 그 메일을 무시하고 있다가 저녁 무렵이 되어서야 메일함을 열어 보았다.

처음 보는 이메일 주소였다. 제목에는 다만 ‘감사합니다’ 한 마디뿐이었다. 바로는 고개를 갸웃거리며 제목을 클릭했다.

바로의 가슴이 갑자기 불에 덴 듯 뜨끔했다. 노트북 키보드에 얹고 있던 손가락이 조금씩 떨려 오기 시작했다.

바로는 잠잠한 마음으로 메일을 세 번 반복해서 읽었다. 마음속에 작은 파동이 동심원을 그리며 조금씩 커져 가는 것을 느낄 수 있었다.

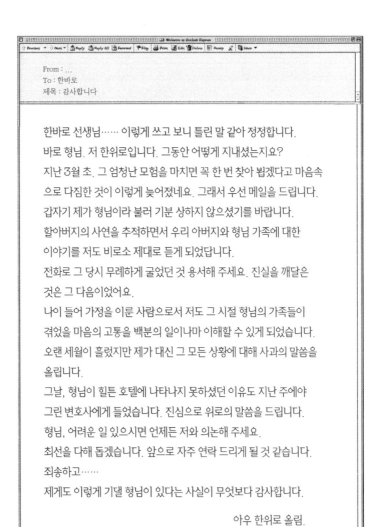

From : ...
To : 한바로
제목 : 감사합니다

한바로 선생님…… 이렇게 쓰고 보니 틀린 말 같아 정정합니다.
바로 형님. 저 한위로입니다. 그동안 어떻게 지내셨는지요?
지난 3월 초. 그 엄청난 모험을 마치면 꼭 한 번 찾아 뵙겠다고 마음속
으로 다짐한 것이 이렇게 늦어졌네요. 그래서 우선 메일을 드립니다.
갑자기 제가 형님이라 불러 기분 상하지 않으셨기를 바랍니다.
할아버지의 사연을 추적하면서 우리 아버지와 형님 가족에 대한
이야기를 저도 비로소 제대로 듣게 되었답니다.
전화로 그 당시 무례하게 굴었던 것 용서해 주세요. 진실을 깨달은
것은 그 다음이었어요.
나이 들어 가정을 이룬 사람으로서 저도 그 시절 형님의 가족들이
겪었을 마음의 고통을 백분의 일이나마 이해할 수 있게 되었습니다.
오랜 세월이 흘렀지만 제가 대신 그 모든 상황에 대해 사과의 말씀을
올립니다.
그날, 형님이 힐튼 호텔에 나타나지 못하셨던 이유도 지난 주에야
그린 변호사에게 들었습니다. 진심으로 위로의 말씀을 드립니다.
형님, 어려운 일 있으시면 언제든 저와 의논해 주세요.
최선을 다해 돕겠습니다. 앞으로 자주 연락 드리게 될 것 같습니다.
죄송하고……
제게도 이렇게 기댈 형님이 있다는 사실이 무엇보다 감사합니다.

아우 한위로 올림.

인생의 운전대, 속도가 아닌 방향

연록이 초록으로 바뀌는 대자연의 변화를 시샘이라도 하듯, 하늘에서는 큰비가 쏟아졌다. 바로는 작업을 잠시 멈추고 창밖 골목을 내다보았다. 장대비를 뚫고 빨간색 오토바이 한 대가 전조등을 켠 채 천천히 바로의 연립주택 쪽으로 올라오고 있었다.

문득, 바로의 뇌리에 지난 2월 하순의 기억이 생생하게 떠올랐다. 그때 도착한 노란 봉투 하나가 몇 주 동안 활활 타오르는 횃불처럼 자신을 불사르게 만들었고 자신의 삶을 순식간에 변하게 만들지 않았던가?

"딩동, 딩동."

선영은 초인종 소리에 현관으로 걸음을 옮겼다.

"국제등기우편입니다. 한바로 님 댁 맞으시죠?"

아내의 손에는 두툼한 노란 봉투가 들려 있었고, 바로는 호기심 가득한 눈빛으로 겉봉을 훑어보았다. 아주 낯익은 군청색 엠블럼이 봉투에 찍혀 있었다. 락포드 로펌의 다니엘 그린 변호사로부터 온 물건이었다. 황급히 봉투를 뜯었다. 그 안에는 철저하게 밀봉되어 곳곳에 날인된 두툼한 책 크기의 물건이 들어 있었다. 다니엘 그린이 보낸 공문이 첨부되어 있었다.

밀봉된 물건을 뜯어 보니 낡은 한 권의 노트가 들어 있었다. 짙은 갈색의 가죽 표지는 거의 닳았고 종이들의 색은 누렇게 바

Rockford Law Firm

수신 : 한바로 님

고 한인중 회장의 뜻을 받들어 유산이 집행된 후
정확히 3개월이 지난 시점에 그동안 완전히 밀봉
보관했던 이 물건을 보냅니다.
유언자께서는 손자들 중 누구라도 문제를 풀지
못하거나 다른 사정으로 유산 상속에 실패할 경우
이 물건을 전해 주라고 별도의 지시를 내린 바 있습니다.

래 버린 노트였다. 줄잡아 몇 백 페이지나 되는 두툼한 내용에 할아버지의 친필로 보이는 글씨가 가득했다. 노트를 뒤적이는데 한 장의 메모지가 바닥에 툭 떨어졌다. 할아버지의 메모였다.

사랑하는 나의 손자에게.

내 핏줄, 내 사랑하는 아이야 보거라. 내가 제시한 문제를 풀어 가는 과정에서 어떤 깨달음이 있었으면 하고 바랬다. 하지만 만일 그 의도가 실패했을 가능성에 대비해 이 노트를 너에게 남긴다. 이 기록은 내가 은퇴한 이후 틈나는 대로 내가 어떻게 모든 어려움을 극복하고 마음의 평화를 얻었으며, 세상과 화해하고 수많은 인재들과 함께 미래를 열어 갈 수 있었는지를 기록한 것이다.

사랑하는 아이야. 보이는 가치, 즉 물질보다 보이지 않는 가치가 훨씬 더 중요함을 나는 깨달았단다. 바라건대, 너는 이 노트에서 설명하는 내용을 정독하고 매일 삶에서 실천에 옮기도록 노력해 보아라. 네가 놓쳐 버렸던 눈에 보이는 그 많은 물질보다 훨씬 더 아름다운 열매들이 네 삶에 가득할 것이다.

— 곧 하늘나라로 돌아가야 하는 할아버지가

바로는 두근거리는 마음으로 첫 장을 펼쳤다. 거기에는 마음 쿠션을 키우는 5가지 결심이 잘 정리되어 있었다.

마음 쿠션을 키우는
5가지 결심

고결함에 이르는 의식을 계발하라

자신의 반응을 선택하는 힘을 키우는 것은 고도의 주도성을 요구하는 일이다. 이를 위해 날마다 스스로를 살피고 고결함에 이르도록 훈련하는 시간이 필요하다. 새벽이거나 밤중이거나 규칙적으로 정한 시간에 자신의 내면을 한껏 고양시킬 수 있는 자신만의 특별한 의식을 만들기로 결심하라.

풍부한 독서와 묵상으로 영혼을 살찌우라

이 의식은 주로 독서와 묵상으로 채워지게 될 것이다. 선인들의 지혜가 담긴 글들을 읽고 깊은 묵상으로 그 지혜를 자신의 내면에 채워 감으로써 우리 마음의 쿠션은 점점 더 부드럽고 포근하게 채워지는 것이다.

날마다 겸손의 우물을 깊게 파라

강과 바다가 온갖 시냇물의 왕이 될 수 있는 것은 자기를 낮추기 때문이다. 마음 쿠션을 키우는 일은 겸손이라는 인생의 우물을 날마다 파 내려가는 고된 영혼의 노동이다. 세상에서 가치 있는 것들은 겸손의 우물이 깊은 쪽으로 모이게 되어 있음을 명심하라.

호흡을 느낄 때마다 마음 쿠션을 생각하라

마음을 키우는 작업은 정원을 가꾸는 것과 흡사하다. 한순간이라
도 돌보지 않으면 잡초가 무성해지기 쉽다. 깨어 있는 동안, 자신
의 호흡을 의식해 보라. 숨소리가 느껴질 때마다 내 마음의 쿠션
을 생각하고 이 쿠션이 더욱 부드러워지도록 기도하고 결심하라.

부정적인 말을 입 밖에 내지 않기로 결심하라

마음 쿠션의 품질은 그 사람의 '언어'로 평가된다. 내 마음에 쿠
션이 자라고 있다면 내 말이 변화되는 것을 느낄 수 있어야 한다.
비난과 부정의 말은 세상의 악을 불러들이는 문고리와 같다. 반면
감사와 긍정의 말은 세상의 모든 선을 우리의 인
생으로 불러오는 문고리다.

인생의 운전대를
바른쪽으로 돌리자

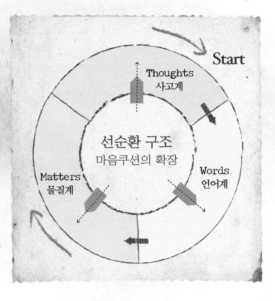

오른쪽(Right)이 바른(Right)쪽이다. 위에 정리된 인생의 방향타 그림을 깊이 살펴보고 결코 왼쪽으로 돌리는 일이 없도록 세심하게 주의를 기울여라.

가장 중요한 것은 너의 영혼의 방, 즉 생각을 주관하는 사고계(Thoughts)이다. 여기서 출발해야 한다. 인생의 방향타를 오른쪽으로 돌리면 깨끗하고 맑은 생각이 네 언어계(Words)를 지배하게 될 것이다. 연쇄적으로 그 언어들은 너의 물질계(Matters)로 온갖 소중한 보물들을 자석처럼 끌어당기게 될 것이다.

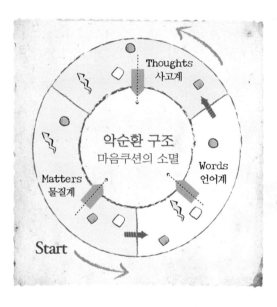

나머지 대부분의 사람들은 안타깝게도 인생의 방향타를 왼쪽으로 돌리기 때문에 실패하고 만다. 그들의 출발점은 사고계가 아닌 물질계이다. 주위의 환경과 사회적 날씨에 대응하는 언어계를 갖는다. 쉽게 분노하고 좌절하며 온갖 독화살을 내뱉곤 한다.

그 결과 그들의 영혼은 날마다 조금씩 황폐해지고 이 악순환은 그들 인생의 집을 누추하게 만든다. 인생의 방향타를 바른 쪽으로 돌리는 사람들은 세계 인구 중 1퍼센트밖에 되지 않는다. 그들이야말로 진정으로 자유롭고 행복한 사람들이다.

보이지 않는 것이 보이는 것을 지배한다

바로와 선영은 할아버지의 노트를 며칠째 함께 읽어 내려가며 수많은 대화를 나누었다. 바로는 페이지를 넘길 때마다 스펀지가 물을 빨아들이듯, 할아버지의 교훈을 마음에 새기는 표정이 역력했다. 그가 유산을 받을 목적으로 할아버지의 흔적을 추적하며 어렴풋이 깨달았던 내용들이 노트에 모두 기록되어 있었기 때문이었다.

"당신이 요즘 새벽마다 일찍 일어나는 이유를 이제야 알 것 같아요."

하루는 선영이 고결함에 이르는 의식을 계발하라는 부분을 손가락으로 짚으며 남편을 바라보았다. 바로는 천천히 고개를 끄덕이면서 인생의 운전대 그림을 펼쳐 보였다.

"할아버지께서는 이렇게 말씀하셨지."

우리 인생의 운전대는 가만히 놔두면

저절로 왼쪽으로 돌아가도록 프로그래밍이 되어 있다.

"눈에 보이는 물질계가 우리를 그만큼 강하게 붙들고 있기 때문이지. 그래서 대부분의 사람들은 마음 쿠션이 소멸되는 쪽으로 운전대를 돌리게 되는 거야."

"그러면 운전대를 꽉 잡고 있어야 하겠네요?"

"그렇지. 당신이 제대로 말했어. 그나마 현상 유지를 위해서는 운전대를 붙잡는 것이 중요하고, 자유를 누리는 행복한 삶을 위해서는 인생의 운전대를 힘껏 오른쪽으로 돌려야 하는 거야."

"거기에 필요한 에너지가 고결함에 이르는 의식으로부터 모아진다는 거죠?"

바로는 선영의 질문에 빙긋이 웃으면서 대답했다.

"맞았어. 할아버지는 무려 3시간에 이를 정도의 집중력을 갖고 매일 새벽 자신의 영혼을 살찌우는 데 시간을 사용하셨다고 해."

"와! 어떻게 3시간씩이나?"

"정말 대단하지? 나 같은 경우는 30분도 쉽지 않은데 말야. 그래도 우선은 하루에 30분이라도 빠지지 않고 매일 실천하는 것이 중요한 것 같아."

바로는 노트를 이리저리 넘기더니 할아버지의 기록에서 무언가를 찾아냈다.

"자. 여길 읽어 봐. 왜 이 의식이 중요한지 할아버지가 직접 써 놓은 내용이야."

우리의 영혼은 외부로부터, 내면의 적으로부터 끊임없이 공격을 받는 전쟁터와 같다. 자극과 반응 사이의 공간인 쿠션을 더욱 확장하기 위해서는 매일의 정기적인 의식을 통해 고결한 언어를 우리의 영혼에 불어넣는 것이 중요하다.

선영은 고결한 언어라는 대목을 손가락으로 짚으면서 바로에게 물었다.

"고결한 언어라는 게 뭘까요?"

바로는 손가락을 턱에 갖다 대며 진지한 표정으로 말했다.

"할아버지의 경우는 하나님의 말씀이었어. 가끔은 고전이나 시를 통해 묵상하기도 하셨지만, 새벽마다 주로 성경을 깊이 묵상하면서 자신의 영혼에 고결한 언어를 불어넣었던 거지."

바로는 다시 몇 페이지 뒤를 펼쳐 아내에게 읽어 보라고 건넸다.

묵상(meditation)은 우리의 영혼을 살찌우는 가장 중요한 훈련이다. 흥미로운 것은 묵상과 약(medicine)이 동일한 어원을 갖고 있다는 점이다.

약이 몸에서 녹아 혈관을 통해 온몸으로 퍼질 때 효과를 일으키는 것처럼, 고결한 언어들도 깊은 묵상을 통해 우리의 영혼에 녹아 들어 구석구석에 퍼져 스며들 때 효과를 일으키게 되는 것이다.

그러므로 30분 독서를 했으면, 반드시 내용을 깊이 묵상해 고결한 언어가 우리의 영혼을 지배할 수 있도록 체화시키는 시간이 필요한 것이다.

"와! 정말 그렇겠어요. 약을 먹었는데 그것이 녹지 않고 그대로 배설되면 아무 효과가 없는 것처럼, 아무리 훌륭하고 좋은 내용을 읽어도 묵상의 단계가 없으면 별 효과가 없겠네요."

"그래서 영혼을 살찌우는 묵상 그 자체가 고결한 의식이 되어야 하는 거지. 이 작업은 결코 한두 번으로 효과가 생기는 게 아니거든. 매일 조금씩 꾸준히 반복하면서 완전히 습관이 되도록 체질화시킬 필요가 있어."

"무슨 뜻인지 알 것 같아요. 그렇게 사고계를 정원 가꾸듯이 점점 더 고결하게 가꾸어 나가면 인생의 운전대가 오른쪽으로 서서히 돌아가서 그 다음은 언어계에 영향을 미친다는 뜻이겠죠?"

"바로 그거야. 과거의 내가 그랬던 것처럼, 사고계가 정돈되지 않은 채 물질계만 바라보는 사람들은 언어계가 엉망이지. 늘 부정적인 독화살들을 툭툭 내뱉어서 자신과 가족, 직장 동료들을 상처 입히지. 하지만 마음의 쿠션이 자라고 인생의 운전대가 바른쪽으로 돌기 시작하면 그 결과로 사람의 언어계가 바뀌는 거야. 말이 밝아지고 긍정적이 되며 타인들에게 기운을 불어넣는 격려의 말도 할 수 있게 되는 거지."

"요즘 당신의 모습이 바로 그렇거든요. 후후."

선영은 행복한 표정을 지었다. 바로는 쑥스러운 듯 어깨를 살짝 들썩이며 할아버지의 노트를 펴 보였다.

보이는 물질의 세계는 언어의 지배를 받는다. 설계도 없이 지어지는 건물은 없다. 마찬가지로 인간은 입에서 흘러나오는 말로써 인생의 집을 지어 가는 존재이다.

부정적인 언어가 몸에 밴 사람은 고통과 괴로움의 인생 집을 짓게 되고 긍정과 평화의 언어가 흘러나오는 사람들은 행복과 번영의 인생 집을 짓게 된다.

언어에는 창조력과 각인력, 견인력이라는 놀라운 힘이 내재되어 있음을 반드시 기억해라. 우리가 믿음으로 내어놓은 긍정의 말들은 아름다운 씨앗이 되어 우리의 물질계에 반드시 싹이 트고 열매가 맺히게 됨을 명심해라.

"정말 맞는 말씀이에요. 할아버지는 참 지혜로운 분이셨어요."

선영이 환한 웃음을 띤 얼굴로 말했다. 바로는 고개를 끄덕이며 다시 인생의 운전대 그림을 펼쳐 보였다.

"우리가 흘리는 언어가 씨앗이라는 말, 나도 마음에 깊이 새기고 있어. 지금은 우리가 물질적으로 힘들고 어렵지만, 긍정의 언어로 씨앗을 계속 뿌리게 되면 언젠가는 반드시 우리의 물질계에도 아름다운 싹들이 틔워질 거라 믿어."

"그래요. 우리 그날까지 용기를 잃지 않도록 서로 격려를 아끼지 말자고요."

걸림돌이 디딤돌로

아이들의 여름방학이 끝나갈 무렵, 바로는 기나긴 작업을 마무리하고 편집장에게 원고를 보냈다. 할아버지의 노트를 받은 이후 바로의 집필 작업은 상당한 탄력을 받기 시작했고, 유산 사건을 통해 온몸으로 겪었던 경험을 바탕으로 한 원고는 과거 AK 시절의 메마른 지식으로 쓰던 원고와는 완전히 다른 내용이 되어 있었다.

원고를 검토한 편집장은 밝은 목소리로 전화를 걸어 왔다.

"몇 군데 손을 보아야 할 곳이 있기는 하지만, 이 정도면 예상했던 것보다 나쁘지 않군요."

컴퓨터 앞에 앉아 인터넷 뱅킹을 하고 있던 선영이 갑자기 소리를 크게 질렀다.

"여보! 빨리 와서 이것 좀 봐요. 이게 다 뭐에요?"

그들의 계좌에 적지 않은 금액의 돈이 입금되어 있었다. 바로와 선영은 동시에 서로의 눈을 뚫어지게 바라보았다.

"도대체 누가 이 거액을 보낸 거야?"

둘은 합창하듯 소리를 질렀다. 송금자 난에는 세 글자가 찍혀 있었다.

자유인

바로는 누가 보낸 돈인지 쉽게 짐작할 수 있었다. 확인해 보니 그가 보내온 금액은 놀랍게도, 바로가 갚아야 할 부채와 생활비 등 꼭 필요한 금액과 정확하게 일치했다.

그 해 9월의 어느 날, 교정 원고를 마무리 짓기 위해 오늘도 모든 에너지를 노트북에 쏟아 붓고 있던 바로에게 한 통의 전화가 걸려 왔다. 한위로였다.

따스한 차 한 잔을 마주하고 앉은 두 사람은 아무 말 없이 카페에 흐르는 음악을 듣고만 있었다.

"책을 쓰고 계신다고요? 잘 되고 있어요?"

바로는 수줍은 미소를 띤 채 고개를 끄덕이기만 했다.

"형님도 이미 눈치 채셨겠지만, 제 이름이 '위로' 잖아요. 어릴 적에는 놀림을 많이 받았어요. 얼마나 경쟁심이 강했던지, 지고는 못 사는 성격이었거든요. 사람들이 저보고 더 높은 곳을 향해 위로만 올라가는 지독한 놈이라고 놀렸죠. CEO가 된 이후에는 경쟁사에서 저를 그렇게 불렀죠."

바로는 커피 잔을 들어 한 모금 마셨다.

"나 역시 마찬가지였어. 자네 못지않게 내 이름도 주위 사람들의 놀림감이었지."

두 사람은 밝은 웃음을 나누었다. 한위로가 다시 진지한 표정을 지으며 이야기를 시작했다.

"할아버지 유언 문제를 풀기 위해 동분서주할 때 충격적인 이야기를 많이 들었어요. 아버지 문제에 대해 한 번도 진지하게 생각하지 못하다가 이번에야말로 총체적 진실이 무언지를 제대로 알게 되었죠. 그동안 제가 갖고 있던 생각과는 많이 다르더라고요."

바로는 아버지 이야기가 나오자 다시 표정이 굳어지기 시작했다. 내면에서 깨끗이 청소된 줄만 알았던 걸림돌이 아직까지 완전히 남아 있었던 모양이었다. 심장 박동이 조금씩 빨라지기 시작했다. 위로는 전혀 눈치 채지 못한 듯, 이야기를 계속했다.

"초······ 총체적 진실?"

"아버지는 어린 시절 할아버지를 따라 미국으로 건너간 후 힘든 청소년기를 보냈어요.

할아버지와 할머니는 이민 초기에 생존의 문제로 너무 바빠서 아이를 돌볼 여유조차 없었고, 그 피해는 고스란히 아버지에게 돌아간 거죠. 돌보는 이 없는 쓸쓸한 아이, 학교에서는 인종 문제로 왕따였고 이런 아버지가 마음 붙일 곳은 아무 데도 없었어요.

결국 아버지는 어린 나이에 좋지 않은 친구들과 어울려 마약에 손을 대기 시작했어요. 할아버지와 할머니가 알았을 때는 이미 손을 댈 수 없을 정도로 상태가 악화되어 있었어요."

바로의 마음이 다시 아려 왔다.

'아버지의 죽음이 할아버지를 얼마나 힘들게 했을지 짐작이 가고도 남아.'

위로가 다시 설명하기 시작했다.

"아버지는 결국 의료진의 권유로 재활 센터에 들어갔고, 2년의 재활을 거쳐 정상인의 삶으로 돌아왔대요. 그리고 서둘러 가정을 꾸리도록 결혼을 추진했고요."

"그래서 한국으로 들어와 어머니와 급하게 결혼을 했던 거야?"

"맞아요. 그런데 문제는 형님을 임신한 이후에 발생했어요. 아버지의 내면에는 쿠션이 전혀 없었죠. 할아버지도 그 당시만 해도 프란시스 스프링을 설립한 직후라 뒤를 돌아볼 여유조차 없이 바빴던 상태였고요. 물론 할아버지 역시 쿠션은 한 조각도 없던 시절이었지요. 결국 아버지는 이전의 생활로 되돌아가고 말았어요. 형님의 어머니를 팽개친 채 다시 옛 친구들과 어울리고 만 거죠."

바로는 심호흡을 했다. 그리고 자신을 이 상황에서 분리시켜 마음 쿠션을 최대한 활용해 부정적인 기운이 자라지 못하도록 흡수하고 있었다. 바로는 담담하게 아버지의 과거를 받아들이고 있었다.

'아버지의 고통이 느껴져. 그 어린 나이에 얼마나 감당하기 어려운 상황이었을까!'

바로는 자신이 이렇게 생각할 수 있다는 사실이 오히려 당혹스러웠다. 이미 식어 버린 찻잔의 커피를 단숨에 들이켰다. 위로의 설명이 이어졌다.

"저희 어머니는 사실 아버지가 기혼자라는 사실도 모른 채 저를 가지셨다고 해요. 이 사실이 저에게 충격이 될 것을 염려해 어머니는 끝까지 진실을 숨겨 왔던 거고요. 덕분에 저는 무척이나 왜곡된 과거를 마음에 품은 채 독하게 살 수밖에 없었어요."

위로는 자신의 어머니를 말하는 대목에서 몸을 부르르 떨 정도로 힘들어 했다. 그의 격앙된 감정이 가라앉자 바로가 조심스럽게 물었다.

"자네는 어떻게 극복해 낼 수 있었던 건가?"

위로는 한동안 허공을 바라보다가 눈가의 물기를 손바닥으로 닦은 후 말했다.

"할아버지의 흔적이 곧 제 삶의 치유제가 되었죠. 처음에는 문제를 풀기에 급급했지만, 유산을 받은 후, 할아버지가 전하려는 메시지가 점점 크게 다가왔어요. 제 안에도 이제 쿠션이 자리 잡기 시작했답니다."

위로는 생과일같이 상큼한 미소를 지었다.

"자네는 이제 더 이상 위를 향해 올라만 가려는 사람이 아니야. 주위 사람들이 삶의 원기를 회복할 수 있도록 돕는 진정한 위로자가 되었네. "

오랫동안 시간 가는 줄 모르고 이야기꽃을 피운 두 사람은 카페를 나와 헤어지기 전 깊은 포옹을 나누었다. 그는 이제서야 자기 인생이 더 이상 흔들리지 않고 '바로' 설 수 있을 것이라는 확신이 들었다.

보이는 가치, 즉 물질보다 보이지 않는 가치가 훨씬 더 중요하다

📖 현상 유지를 위해서는 인생의 운전대를 붙잡으면 되지만 아름다운 자유를 누리기 위해서는 인생의 운전대를 오른 쪽(Right)으로 돌려야 한다.

📖 인생의 운전대는 보이지 않는 영혼의 방, 즉 생각을 주관 하는 사고계에서 출발하는 것이 가장 중요하다.

📖 인생의 방향타를 계속 오른쪽으로 돌리면 마음의 쿠션이 자라 고결함에 이르고 그 결과로 사람의 언어가 바뀌게 된다.

📖 언어계가 바뀌면 연쇄적으로 그 언어들은 보이는 물질계 를 지배하게 되고 자석처럼 인생의 좋은 것들을 모으게 된다.

'즉시' 바뀔 수 있다고요!

"방송 시작 1분 전입니다. 모두들 서둘러주세요."

담당 프로듀서의 말에 바로는 감았던 눈을 떴다. 잠시 그는 지난 3년 동안 자신에게 벌어진 일들을 떠올려 보았다. 할아버지의 유언 미팅 소집, 구름 위의 새로운 하늘, 그레고리 집 앞에서 쓰러진 일, 서머타임 때문에 유산을 놓쳐 버린 그날. 그리고 8시간을 울고 난 후 발견했던 마음 쿠션이라는 조각배 한 척. 그리고 아버지와 위로에 대한 용서와 치유.

집필을 끝낼 무렵, 바로는 한국에 새로 상륙한 국제적 컨설팅 기업의 차장으로 스카우트 되었다. AK를 떠난 지 6개월 정도의 공백이 있었지만 그는 이 기간을 통해 자신 안에 존재하는 쿠션을 키워 갔고 팀장으로 훌륭한 리더십을 발휘해 회사 내에서 횃불같은 존재로 자리매김했다.

첫눈이 내리던 초겨울 날, 그의 책이 출간되었고 그 언어들
은 읽는 이들의 마음을 단숨에 사로잡았다. 그리고 오늘. 그는
성공적인 방송 강연자로 많은 이들에게 마음 쿠션의 비밀을 소
개하고 있는 것이다.

"10초 전입니다. 한 선생님. 무대로 올라와 주세요."

바로는 심호흡을 하면서 단상에 올랐다. 카메라 감독이 바로
의 위치를 지정해 주었다. 메인 조명이 켜지면서 이마가 후끈거
렸다. 방청석은 이내 조용해졌다.

"3초, 2초, 1초, 액션!"

감독의 손가락이 위에서 아래로 떨어졌다. MC의 2부 오프
닝멘트가 이어졌고, 바로의 강연이 다시 시작되었다. 마음 쿠션

의 이론적인 측면을 다룬 1부에 이어 2부에는 바로 자신의 경험담이 주를 이루었다. 특히 바로가 유산을 다 놓쳐 버리고 8시간을 목놓아 울었다는 대목에서 청중들은 깊은 탄식을 함께 했다. 바로가 차분한 목소리로 말했다.

"현명한 사람은 자신의 내면이 바뀌지 않고는 결코 주변 환경이 변하지 않는다는 것을 파악하고 있습니다. 내가 선택한 반응은 즉각 내 주변의 사람들과 환경에 영향을 끼치게 됩니다. 이런 경험들이 반복될 때 우리 인생은 점진적으로 나아지게 되는 것입니다."

바로가 잠깐 숨을 들이쉬고 다음 메시지를 전하려 할 때였다.

방청석에서 누군가가 큰 소리로 외쳤다.

"그건 틀린 말입니다. 틀렸어요."

생방송 중에 벌어질 수 있는 모든 돌발 상황에 촉각을 곤두세우고 있는 방송국 담당자들의 노력에도 불구하고, 앞자리에 앉은 한 여성 방청객의 날카로운 목소리가 전파를 타고 전국으로 울려 퍼졌다.

모두의 시선이 벌떡 일어서 있는 젊은 여인을 향해 쏠렸다. 그녀는 부들부들 떨면서 무언가를 말하려는 몸짓을 보였다. 아주 짧은 순간, 바로는 당황했지만 이내 마음의 쿠션을 활용하기 시작했다. 그는 부드러운 음성으로 강연의 방향을 바꾸었다. 사회자에게 양해를 구한 다음 천천히 무대를 내려와 방청석 쪽으로 걸음을 옮겼다.

바로의 놀라운 대처 능력에 담당 프로듀서는 카메라 감독에게 그대로 진행하라는 사인을 보냈고, 모든 카메라는 바로와 그 여성에게 앵글을 맞추었다. 방송 요원이 급히 달려가 방청석의 여인에게 무선마이크를 전달해 주었다. 그녀는 여전히 떨고 있었지만, 마이크가 전해지자 침착하게 자신의 주장을 펼쳤다.

"한 선생님의 책을 열 번도 넘게 읽었습니다. 처음에는 별 효과를 몰랐죠. 그런데 어느 순간 깨달음이 왔어요. 제 마음에 쿠션이 존재할 수 있고, 자극과 반응 사이에 그 쿠션을 두고 점점 키워 갔을 때 벌어지는 현상에 대해 놀라움을 금할 수 없었어요. 선생님에게 틀렸다고 무례하게 말씀 드려 죄송합니다.

마음 쿠션이 우리 인생을 '점진적'으로 나아지게 만들 거라고 하셨죠? 아닙니다. 그건 정확한 표현이 아니었어요. 반응을 선택할 자유가 나에게 있다는 것을 깨닫고 실천한 바로 그 순간부터 내 인생은 '즉시' 바뀌기 시작했어요."

그녀는 삶의 주도권을 완전히 포기한 채 비만과 남편의 조롱, 아이들의 비난에 휘둘리며 비참하게 살아오다가 바로의 책을 읽었고, 그 이후 모든 것이 자신의 잘못된 선택의 결과였음을 깨달았다고 했다. 더 이상 상황이 자신을 끌고 가지 못하도록 결단하고 매 순간 신중하게 자신의 반응을 선택했노라고 고백했다. 그리고 그녀는 당당하게 말했다.

"그동안 저는 저의 가짜 모습에 속아서 바보처럼 살았어요. 이제는 진짜 나를 만나는 즐거움에 매일 설레는 마음으로 살아간답니다."

그녀의 의중을 깨달은 청중들은 우레와 같은 박수로 그녀를 격려해 주었다. 바로가 한마디를 덧붙였다.

"늦잠을 자거나 청소를 미루는 것은 작은 게으름이죠. 여러분, 정말 처치하기 곤란한 게으름이 무엇인지 아세요? 우리 인생 최대의 게으름은, 자신에게 반응을 선택할 권리와 능력이 있는데도 상황이 자신을 몰아가도록 방치하는 태도입니다. 평생을 가짜 자신에게 속는 삶이지요. 진짜 자신을 대면한 사람들이 누리는 자유는 그 누구도 빼앗을 수 없는 것이랍니다."

바로의 서재에서 기도를 마친 선영은 문득 몇 달 전 TV에서 첫 출연 섭외가 들어왔을 때, 바로가 망설이던 모습이 떠올랐다. 만일 방송 도중에 예전 같은 언어마비 증상이 나타나면 모든 것이 한순간에 무너질지 모른다는 두려움 때문이라는 것을 짐작할 수 있었다.

하지만 그는 이 갈등 역시 훌륭하게 극복해 내었다. 선영은 갑자기 남편이 견딜 수 없이 보고 싶어졌다. 그녀는 모니터 화면 구석의 시계를 보았다. 오전 9시 40분을 넘어가고 있었다. 남편의 TV 강연이 끝나기 10분 전이었다. 그녀는 서둘러 거실로 뛰었다. 리모컨으로 파워를 넣자 화면이 "지익" 하는 소리와 함께 떠올랐다.

화면에는 바로의 얼굴이 클로즈업 되어 있었다. 그의 눈동자가 오늘따라 유난히 더 밝고 환하게 빛났다. 선영은 그 눈동자 속에 두 사람이 자리 잡고 있는 것을 발견했다. 천국에서 지금 손자를 내려다보며 흐뭇하게 미소 짓고 있을 그의 할아버지 프란시스와, 바로의 책이 출간되던 날 하늘의 부름을 받고 이 세상 고된 삶을 마무리한 어머니의 눈동자였다.

"지금 이 순간부터 여러분의 영혼 깊은 곳, 그 소중한 공간에 작은 쿠션 하나가 들어와 나날이 풍성해지기를 진심으로 기원합니다. 감사합니다."

바로는 이 멘트를 끝으로 강연을 마무리했다.

청중들은 위대한 연주자의 공연이 끝난 것처럼 환호와 박수를 멈추지 않았다. 방송은 끝났지만, 바로는 방청객 한 사람 한 사람과 눈동자를 마주치며 악수를 나누었다. 그 맑은 눈빛에는 무언가가 담겨 있었다. 자신이 발견했고 이제는 내면에 흘러넘치는 쿠션 조각을 떼어 그들과 나누려는 노력임을 사람들은 느꼈다. 바로는 자신을 통해 자유와 행복의 파장이 전달되고 있음을 뿌듯하게 만끽했다.

저자 후기

생각하는 대로 살지 않으면,
사는 대로 생각한다

강원도 태백에서 조금 남쪽으로 내려가면 삼수령(三水嶺)이라는 큰 고개가 있습니다. 이곳에서 시작된 물 근원이 세 곳으로 갈라져 남쪽으로는 낙동강, 서쪽으로는 한강, 동해로는 오십천(五十川)으로 흐르게 되기에 그런 이름이 붙여졌다고 하지요.

아주 작은 차이로 순식간에 운명이 갈라진 물들이 먼 여행을 하게 되는 것처럼, 우리의 삶도 순간의 작은 깨달음에 의해 완전히 다른 방향으로 결정되는 경우가 있습니다. 그 작은 차이를 '쿠션'이라는 상징으로 설명해 보려고 했습니다.

폴 발레리가 이렇게 말했습니다.

"생각하는 대로 살지 않는다면 우리는 사는 대로 생각하게 된다."

사는 대로 생각하는 삶이란 끊임없이 물질계에 초점을 맞추는 인생입니다. 자신을 둘러싸고 있는 환경이 어떻게 변화하는 가에 따라 감정과 생각이 뒤따릅니다. 불쾌한 상황이 오면 분노를 선택하고, 두려운 상황이 몰려오면 불안을 선택하고, 만사가 형통하면 그제서야 비로소 느긋함을 선택하는 것입니다. 하지만 이것은 완벽한 게으름이지요. 노력이 필요치 않은 선택만을 주워 담으며 살아가기 때문입니다.

생각하는 대로 살아가는 삶은 정반대의 라이프 스타일입니다. 가장 예민하고 신비로운 영역인 '생각'을 다스리는 데 모든 초점을 맞춥니다. 세상에서 가장 변덕이 심하고 상황의 지배를 받기 쉬운, 즉 영혼의 치열한 싸움이 벌어지는 곳이 '생각'이라는 것을 잘 알기에 이곳을 보호하고 가꾸는 데 많은 에너지를 쏟아 붓습니다. 이 책에서 누차 강조한 반응을 선택하는 능력은 잘 가꾸어진 사고계로부터 주어지는 선물입니다.

물질적인 쿠션이 우리 육체를 딱딱함으로부터 해방시켜 안락한 느낌을 전달하듯, 영혼의 쿠션 역시 모든 불안정한 상황으로부터 우리를 평안함으로 감싸 안아주는 힘을 갖습니다. 삶의 중심에 쿠션이 자리잡고 있는 사람은 불쾌한 상황이든, 두려운 상황이든, 형통한 상황이든 어떤 상황에서도 자신의 감정이나 사고를 즉흥적으로 선택하지 않습니다.

　진정한 자유로움이란 무엇일까요? 누구의 간섭과 통제도 받지 않고 스스로 무언가를 결정하고 선택하는 권리일 것입니다. 영혼의 쿠션이 풍성한 사람은 진정으로 삶의 자유를 만끽하는 행복한 사람입니다. 그들을 지배하는 것은 오직 자신이 스스로 발견하고 결정한 삶의 고결한 원칙들, 곧 진리입니다.

　"진리를 알지니 진리가 너희를 자유케 하리라"는 명제가 오늘날 유효한 것입니다.

　놀라운 일은 이러한 자유로부터 오는 행복이 주위를 조금씩 변하게 만드는 힘을 갖는다는 것입니다. 왜냐고요? 쿠션을 가진 사람들에게는 겸손함에서 피어나는 향기가 있기 때문입니다. 이 마법의 향기는 비밀스런 힘을 갖습니다. 그들에게도 이 향기가 서서히 스며들어 굳게 닫혀있던 자유와 행복의 문을 스스로 열 수 있도록 할 것입니다.

장마가 시작되는 날
대덕연구단지의 작업실에서

조 신 영

이 책이
당신 마음의 쿠션을 자각하고 키우는데
도움이 되었길, 그래서 좀 더
행복해지셨길 바랍니다.

행복한 성공자를 위한 출판-

비전과리더십